Do Over!

ニッポンの未来を
知りたければ
「外食」から学べ！

外食力

中田 宏 HIROSHI NAKADA

ブックマン社

「Do over」は、いつからだってできるんだ！

目次

はじめに　僕が外食の本を書こうと思った理由

現在の僕は1年365日のうち350日は外食のお世話になっている。命の源としての食事でもあるが、人とのコミュニケーションや日常のささやかな楽しみとして、せっかくなら、世界に誇るハイクオリティな日本の外食を楽しむ機会にしたい。

僕は国会議員や横浜市長をやってきた。今は日本社会や政治の問題を発信するシンクタンクの代表をしている。具体的には、コメンテーターとしてテレビに出たり、全国各地で講演したり、大学で教えたりという毎日。若い世代には、YouTubeで「中田宏チャンネル」をやっているユーチューバーと言った方が理解されやすいかもしれない。

こうした活動は僕にとって仕事ではあるけれど、もはやライフワークという感覚で、日々、自分のすべてを注ぎ込んでやっている。正直、時間に追われるような毎日だけど、その分、充実している。あっという間に1日が終わり、瞬く間に1ヵ月が過ぎ、気づいたら1年が経っている。

そんな僕の楽しみは何かと考えると、家族で旅行に行くこと、サザンオールスターズや桑田佳祐のライブに行くこと、そして温泉に身を沈めることなどか。しかし、旅行やライブなどのビッグイベントは、誰にとっても毎月のように行けるものではない。僕の場合は、土日祝日も仕事が入ることが多いから、週末の決まった楽しみがあるわけでもない。

だから、そんな僕にとって、日常の最大の楽しみとなっているのは間違いなく食べること、それも外食だ。正直、仕事の延長線上で食べることがほとんどだが、料理と雰囲気とサービスを楽しみ、時には非日常的空間を味わえる外食は、日々の活力の源泉だとも言える。また、出張先で食べる場合は、その土地の名産や特産品を食べることが、その土地を知ることと直結し、僕にとっては出張のモチベーションにもなっている。

1964年、横浜市生まれの僕が子どもだった頃――1970年代は「外食」なんていう言葉はまだ馴染みがなかったし、大人も子どもも、朝・晩と家で食べるのは普通だった。小学生のときは学校給食があったが、土日は昼も家で食べていた。

外にご飯を食べに行くというのは「ハレの日」だけの特別なことであり、それはもう、前日からウキウキするほどの一大事だった。横浜から東京の祖父母の家に遊びに行って、新宿の中村屋や、デパートの大食堂に連れて行ってもらったときのワクワク感は今でも覚えている。

僕の母は料理が上手で何でも作ってくれたし、父も家で食べるのが好きだったから、よけいに「お出かけ＝外でご飯を食べる」というのは、特別なイベントだった。今でこそ、僕にも好みのジャンルや店があって、その日食べる店を決めるのに悩むこともあるけれど、子どもの頃は外で食べることそのものが夢のようで、何を食べても、どの店に行ってもただただ嬉しかった。

僕が小学生時代に過ごした横浜市緑区（現青葉区のエリア）は当時、開発初期の新興住宅地だった。今はたくさんの住宅やあらゆる業種の店舗が揃っているけれど、当時はまだ田んぼと畑と雑木林と野原がいっぱいあった。地元で外食といえば、小学校の同級生だった小宮君の家がやっていた洋食店〈グリル・コミヤ〉と、どこにも必ずある町のラーメン屋さんという風情の中華料理店くらいだった。

一方で、当時（1970年代）を振り返ると、現在全国規模で店舗を持つ外食チェーンが続々と誕生した時代でもあった。

1970年7月にファミリーレストランの〈すかいらーく〉が東京都府中市に1号店をオープン。同じく11月に〈ケンタッキーフライドチキン〉が名古屋市に上陸（同年3月に大阪の万国博覧会で実験店舗を設置していた）し、翌1971年7月には〈マクドナルド〉の日本1号店が東京・銀座にオープン。1974年4月にはファミリーレストラン〈デニーズ〉が横浜市に登場した。日本の食文化に新たな波が到来した時代だった。

食べ盛りの中学生になると、今日はハンバーグにしようか、いやカレーかと、胸ときめかせながら、〈デニーズ〉や〈すかいらーく〉に行ったし、高校生になると、学校帰りに駅前のファストフード店に行くのが日課のようになった。クーポン券を使ってバーガーやポテトで腹を満たし、友達と宿題を片づけ、たわいもない話をしていた。こうしたファミレスやファストフード店の出現が、小学生時代には特別なイベントだった「外食」を、少しずつ日常的なものに変えていったのは間違いない。

僕は大学4年間、ずっと外食でアルバイトをしていた。生まれて初めてのアルバイトは、地元の夏祭りのときに居酒屋さんで焼鳥を焼くことだった。以降、地元のレストラン、チェーンの居酒屋、銀座の高級レストランなどで働いた。美味しいまかないご飯が魅力だったり、他の学校の友達と知り合ったり、彼女ができたりした。でも、何より嬉しかったのは、お客さまに「美味しかったよ」「ありがとう」と言われることだった。「お兄さんは学生さん?」なんて聞かれて、お客さまと会話することは、二十歳前後の僕にとって大人の階段を上っている実感があった。

そして大学を卒業し社会人になり、やがて政治の世界に入ってから今日に至るまで、1年365日のうち350日は外食で生きるようになった。朝食は、妻の作る我が家の定番和食を食べてから出かけるが、夕食は大げさではなく350日が外食だ。ほとんどが仕事メシだが、たまの家族水入らずの日には家族が喜ぶお店に出かけるから、本当にそんな日数になってしまう。たとえ仕事であっても、美味しい料理とお酒で語り合う時間は、脳が柔軟になるようで会議室よりもずっと話が弾むし、アイデアも浮かぶ。家族や親しい友人との外食だったら、張り詰めた日常の緊張感が解きほぐされる。夜、やっと予約がとれた店での会食が待っているなら、その日中はいつもよりやる気になって仕事がぐんぐんはかどる。

「政治家は、さぞ毎晩高級な店に行くのだろう」と思う人もいるかもしれないし、確かに格式の高い店や値段の張る店で会食することもある。だけど、そんな機会もあるという程度であって、決して毎日のようにそんな会食が続くわけではない。僕個人としては、高級かどうかは関係なくいろいろな外食に行く。チェーンの牛丼店やラーメン店、居酒屋はもちろん、最近ハマっているのは「せんべろ」（千円札一枚でベロベロに酔えるの意味）の店だ。先日も、JR田町駅の近くにある立ち飲み屋さんに行っていたら、居合わせたお客さんに「こんなところでも飲むんですね」なんて言われたから、「みなさんと一緒ですよ（笑）」なんて楽しく会話をした。安くて美味しい店で、気軽に隣に居合わせた人と話せるのも外食の魅力だ。

そう、外食はお腹を満たしてくれるだけでなく、心も満たしてくれる。幸せな気分にさせてくれる。くつろがせてくれる。人と人との距離を縮めてくれる。本当に有難い。

我が国における外食産業＝フードビジネスの概要をここで見てみよう。尚、本書で紹介するフードビジネスのデータは、外食産業＋料理小売り業を合わせた、広義の外食産業とする。

店舗数で67万3200、市場規模は32兆8176億円もある。働いている人は482万人だ。482万人といえば、全労働者の14分の1にあたる。都心部なら半径数十メートルの範囲に複数の店舗がひしめき合うコンビニエンスストアが、5万5483店舗

（＊2018年7月末現在）で市場規模は10兆円だから、店舗数でその約12倍、市場規模で約3倍になる。

そう考えれば、日本にとってフードビジネスがいかに重要な存在であるかがわかる。

ところが、日本社会におけるフードビジネスはときに適正な評価を受けていないように感じる。たとえば学生と話すと、フードビジネスは「就職したい業種」としては今一つの人気だ。ついさっきその学生が、行列のできるラーメン店に並んで話題のつけ麵を食べてきたとしてもだ。働きたくない理由を訊くと、「なんか、ブラックそうだから」と返ってくる。なんか、ってなんだよ？　と思い、大手ポータルサイトの検索エンジンで「外食産業」と入力すると、入力補助の候補に「ブラック」というキーワードが出てくる。

いつからこんなことになっているのだろう？　もっとも、働き方への注目が集まっている昨今は、他の業界の人気企業の名前を入れても、「ブラック」というキーワードが出てくることは珍しくない。しかし現実は決して、フードビジネスが他産業と比べて「ブラック」と言われる理由はなく、これも後述する。あるいは、かつて飲食業が「水商売」と呼ばれてきたイメージもあるのかもしれない。僕の知り合いの外食関係者は、外食業界への就職が決まった際、親から「どうして大学まで出たのに水商売に行くの?」と反対されたという。昭和的な発想というか、もう何十年も前の話であるが、そうした旧き固定観念に未だ引きずられたイメージもあるかもしれない。

その一方、フードビジネスは時代の最先端の産業と言える。日本が抱える労働問題や環境問題、農業問題などさまざまな問題に現実的な解決策を提供してきた、極めてクリエイティブな産業なのだ。今や世界中で和食が大人気となり、海外への進出も増えていて、輸出の花形産業でもある。

というわけで、日本にとっても僕にとっても重要な存在であるフードビジネスの「いま」を直視し、食べているだけではわからない、産業としての魅力を伝えたいと思ったのが、この本を書いた理由だ。

かつて人類は、食物となる動物を追い、木の実などを拾い集めながら移動を繰り返す狩猟採集社会を生きていた。しかし弥生時代に稲作の導入が契機となって農耕社会で食糧を生産できるようになると、そこから余暇が生まれ、人々はそれを別の活動にあてられるようになり、地域ごとに文化が発展していったのだとされる。

そして現代の日本は、第3次産業がGDPの7割にも迫るサービス立国だ。僕たちは日常的にさまざまなサービスに対価を払って、自分の時間や体力をセーブして、他の活動に時間を当てている。

外食はそのなかでも最も身近なサービスであり、サービスを受けること自体が消費者の楽しみになる、なくてはならない産業だ。大げさに聞こえるかもしれないが、外食の充実は人生の充実へと直結し、次世代の人類の幸福度は外食の充実によって決まる！とすら考えられる。

書店やネットには、グルメ本や起業を目指す人に向けたノウハウ本、一代で事業を成功させた社長の自叙伝、もしくは外食の「裏側」を書いたような暴露《ばくろ》本はたくさんある。だが、フードビジネスの魅力や、産業としての重要性と面白さについて書かれた本は見当たらないので、そうした観点を掘り下げてみたいと思う。

美味しさとくつろぎを提供してくれている外食に関わる方々に、日ごろの感謝と敬意を込めて。

中田 宏

第1章

「外食」は、さまざまな学びを僕にくれた

まずは、僕と「外食」のかかわりからお話ししていこう。
あまりにも身近すぎて、気づいていないかもしれない。
忘れてしまっているかもしれない。でも、
みなさんそれぞれに、外食体験から得た「学び」があるはずだ。
僕の経験を読んでいただきながら、みなさんも「そういえば…」
と自分の経験を再確認してもらえたら嬉しい。

その土地を知るには、外食が一番の近道だ

僕の父はアルミの総合メーカーに勤めていた。今この会社のホームページの「沿革」を見ると、僕が子どもの頃は発展期の只中で、そのためか父は僕が小学5年のときに福岡に、小学6年のときには大阪に転勤となり、一家で引っ越した。

そして大阪で僕は、人生で初めて「食文化の違い」に触れることになった。

きっかけは、うどんとそば。一般に関東ではきつねうどんときつねそばを注文すると、どちらも甘い味がしみこんだ油揚げがのって出てくる。たぬきうどんとたぬきそばには、天かすがのってくる。

関東生まれの僕は油揚げをきつね、天かすをたぬきと呼ぶものだと思っていた。ところが大阪できつねを頼むと油揚げがのったうどんで、たぬきは油揚げがのったそばだ。大阪にはきつねそばとたぬきうどんがなかったからはじめは驚いた。しかも、関西のうどんのつゆは関東と違って薄味で透明感がある。

外食をすることで同じ日本でも地域によって食文化も大きく違っているのだということを体感することができた。呼び方だけではない。味も食べ方も、**その土地を知るには、外食してみることが一番の近道だ**と知ったのだ。その思いはいまも変わらずにいる。

コミュニケーションスキルがアップする

学生時代、さまざまなフードビジネスでアルバイトをしたことは「はじめに」でも書いた通りだが、銀座の高級店で働いていたときは、お持ち帰り用のドレッシングを販売するのもバイトの仕事の一つだった。食べに来た人に買ってもらうのは、なかなか難しい。単に「お土産にいかがですか」と声をかけても「食べているところに売込みか？」と思われてしまう。そこで僕は考えた。サラダを食べているお客さまに、「このドレッシングのベースは何かおわかりになりますか？」と聞いてみるようにしたのだ。

和風ドレッシングといえば一般的には醤油ベースだが、この店は味噌がベースで、なかなか複雑で滋味深い味わいだった。だからこう尋ねると、「あら、何の味だろう？」と会話が生まれる。味噌がベースであると種明かしをすると、「やっぱり！」という人や、「へえー、そうだったんだ」と驚く人など、それぞれの反応が生まれ、場が和んだ。その上で、「よろしければご家庭用にもお分けしておりますので」と伝える。僕のセールストークで、ドレッシングは（大げさに聞こえるかもしれないが）飛ぶように売れた。その売上は時給にも反映されたから、僕の時給はどんどん上がっていった。お客さまとのコミュニケーションの取り方一つで、ものの売れ方が変わることを勉強した。場を壊さずに人の会話に入り、不快にさせずに終わらせる方法もこのときに学んだ。

お客さまの見えないところで何を大事にするか

いくつかのフードビジネスでアルバイトをしたことで、自分が客として行きたい店と行きたくない店の判断が明確になった。

行きたくないのは、儲け優先でお客さまのことを考えていない店。たとえば、お客さまのペースを考えずに次々と料理を出したり、食器を下げようとする店。回転率を上げるためやホールの人数が少ないなど店の都合が優先されている店だ。もちろん、売上や利益を追うのが商売というものだが、たとえ料理が美味しくても追い立てられるような気配を感じるアウェイ感は、また行こうという気分を萎えさせてしまう。

逆に、行きたい店は、お客さまの見えないところでもお客さまを大事にする店。たとえば、お皿に残った飾りのパセリの鮮度がよい店の店長は、バックヤードで「あの客、いい加減にしろよ」なんていうことは絶対に言わない。バックヤードの空気は必ずスタッフの表情や店の空気にも伝わる。外食は若い学生バイトも多く、店長や主任の指示を比較的素直に聞くものだ。つまり、店長が店の都合でお客さまをないがしろにするのか、反対に、店長が裏でもお客さまを大切に考えて指示をしているのか、店長の考え方が、彼ら若い店員の仕事の仕方に反映されお客さまの目にもあきらかになるのだ。「これくらい萎《しな》びていてもわからないだろう」というパセリが出てくる店はアウトだ。

子どもにマナーを学ばせるのも、外食の役割だ

外食のバイトでは、お客さまから学ぶことも多かった。

高級店ならばそれ相応のマナーを、ファストフード店ならばセルフサービスのマナーを学ぶチャンスになる。小さな子ども連れで高級な店に行くことは、それ自体に賛否があるからその意味を考えることも大切だ。ファミリーレストランでは、和食とは違う洋式のテーブルマナーを学ぶことにもなる。「学ぶ」というのは、「教えてもらえる」という意味ではなく、親子で「考えて実践する」場になるということだ。

今でも覚えていることがある。僕がアルバイトをしていた銀座の高級店に、当時人気タレントだった宮尾すすむさんが家族で食事に来られたときのこと。食事中にお子さんが箸を床に落としたので、僕が新しい箸を持っていった。そのとき、宮尾さんはお子さんに、「こちらのお兄さん（僕）は両手で箸を渡してくれた。また落とさないように、君も片手ではなく両手で受け取りなさい」と教えていた。客ならば何をやっても許されるといった態度のお客さまにあたることもなくはない。そんななかで我が子にきちんとマナーを教える宮尾さんの姿は印象的だった。宮尾さんの躾《しつけ》に大変感激し、その後、自らの子育てにも役立つ経験になった。そして、自分自身や家族で外食をしたときは、学びの機会としつつ、きちんとした客でありたいと思った。

食の時間を共有することで、
その人の本質が見える

僕は28歳で衆議院議員に初当選したのだが、それを境に食生活は大きく変わった。前述したように、1年365日のうちおよそ350日以上の夕食が外食になったのだ。言うまでもなく、会食の時間は仕事の一環だ。政治家の場合は朝食会やランチミーティングも頻繁にある。日本だけではなく、時間に追われる政治家ならではの世界的なカルチャーでもある。笑い話のようだが、一晩に3つの会合が入ってしまい、一軒目で前菜、二軒目でメイン、三軒目でデザートなんていうこともあった。

飲食を伴う会合は、時間を効率的に活用できるだけではない。「同じ釜の飯を食う」という言葉があるように、同じ空間と同じ食を共有し、ときにはお酒を呑みかわすことで、**さまざまな背景や立場を持つ人同士が、人間同士向き合える。**仕事相手の人となりを知ることは欠かせないのだから、多岐にわたる話題が出てくる食事は絶好の機会だ。

それは仕事での会食に限った話ではない。婚活パーティでも同じことだろう。打ち解けにくそうだと思っていた相手が、美味しい食事とお酒でリラックスしたら、意外な共通点が見つかって意気投合できることもある。逆に、食事をすることで、この人と一緒になって大丈夫かな、と思ってしまうことだってある。**食の時間は、その人の本質をさらけ出すのだ。**

家庭でしかできない「食育」がある

一方で僕は、家庭での「食育」というのも、とても大事なことだと考えている。

小さな子どもは親が料理を作るのを側で見て、食に興味を持ち始める。「それは何？」といちいち尋ね、名前を覚える。やがて、「焼くの？」「お塩かけるの？」と聞いて食べ方を学び、自分でも「料理してみたい」と思うようになる。「食べる」という生きる原点を知り、生きていく力を養っていく。スイカを食べて夏を、お雑煮でお正月を感じて日本の季節を体験的に学んでいくことにもなる。

少し大きくなれば、産地や生産者について理解できるようになる。自分の国の農業や漁業、そこで働く人のこと、そして海外とのつながりを知るには、教科書よりも、台所と食卓の方がいい。また、食器というのは幼少期から死ぬまで生きていくために最も多く接する道具の一つだが、これをきちんと扱うことでものを大切にする精神も学べる。

僕の知る重度身体障碍者《しょうがいしゃ》施設ではあえてプラスチックではなく、瀬戸物の食器を使っている。それは利用者に、ものは大切に扱わなければ壊れてしまい、壊れたものはもう元には戻らないということを教えるためだという。体に障碍があるので初めは落としてしまう利用者も、次第に上手に扱うようになる。**食器を大切に扱えると、他のものも大切に扱えるようになる**のだという話を伺って、なるほどと思った。

外食の発想の豊かさは、さまざまなビジネスで応用できる

1970年〜1980年代、外食文化が日本に根づいていくなかで、僕は少年から大人になった。だから、次々と現れる外食に目を奪われながら大きくなったことになる。

学生時代、すべてのハンバーガーチェーンに行った。〈マクドナルド〉のビッグマックは憧れだったし、〈ファーストキッチン〉のベーコンレタスバーガーも好きだった。〈ウェンディーズ〉ではシェークとは似て非なるフロスティにはまり、〈ドムドムバーガー〉のチキンバーガーは病みつきになった。

そんななか、外資系ハンバーガーチェーンと比べると値段が高く、学生時代はかなりの贅沢だったのが〈モスバーガー〉だ。食べるのはいつも決まって看板メニューの「モスバーガー」か「テリヤキバーガー」のどちらか。バイト代が入って、一度に両方のバーガーを食べるのは贅沢の極みだった。

「テリヤキバーガー」は〈モスバーガー〉が1973年に発明したものだ（あえて発明という言葉を使いたい）。それまでご飯の友と思われていた醤油とみりんのなんとも言えない甘辛い日本独特な風味が、パンと相性がいいことに気づいた人はスゴイと思う。まさに発想の転換だ。しかも、そこにマヨネーズが挟まっているのが絶妙。「テリヤキ」味は今では海外でも人気が高いし、他のハンバーガーチェーンでも定番となっている。

余談だが、28歳で初めて臨んだ選挙戦で僕は、モスバーガーの教えを拝借させていただいた。つまり、「大手と同じことをしても勝ち目はない。違う方法で勝負する」という考え方だ。

僕が政治家として歩み出す際に、外食企業の創業者が一人の〝師〟となったと言っても過言ではない。その人は、〈モスバーガー〉の創業者である櫻田慧《さとし》氏だ。松下政経塾の塾生時代に講義を聴く機会に恵まれ、その後、個人的にもご指導をいただいた。印象に残っているのは、「あえてB級立地に出店すること」だった。外食のなかでも客の入れ替わり（回転）が早いファストフードなら、やはり人の往来が多い一等地へ出店したいと考えるものだろう。だが、まだ小さな飲食店でしかなかった創成期の〈モスバーガー〉には一等地の賃料は高すぎる。そこで、目抜き通りではない、路地を入った安い賃料の店舗を構える。そこで食べられるのは、注文を受けてから作ったシャキシャキのレタスと熱々のパティが入ったハンバーガー。「わざわざ食べに行きたい」と思う、ファストではないファストフード店としてモスバーガーは勝負したのだ。

「美味いからとわざわざ食べに行くラーメン屋さんがどの街にもあるでしょ。そういうハンバーガー店を目指した」と櫻田氏から直接聞いた。

地盤（組織）、看板（知名度）、鞄（資金）のない僕にとって、この一見シンプルかつ本質で勝負する戦術は衝撃的な学びとなった。

——しっかりと組織があるような現職の国会議員に挑むのに、同じようなことをしても勝ち目はない。そこで僕なりに考えた方法は、常識の逆を行くということ。

たとえば、街中に自分のポスターを貼らない。貼り巡らせるだけの組織力や資金力がないのが正直なところだが、それでも知名度を上げたい新人ならば一枚でも二枚でもポスターを貼りたいのが本音だ。だが僕は、「街の景観を乱すポスターは貼りません」とチラシに書いて配った。知名度のある政治家は大きなホールに人を集めて演説できるが、僕にはそんなことはできない。だったら、若い僕にあるのは体力だから、人がいる所、すなわち駅前に自分が出て行って毎日演説をやり続けた。無いことを嘆くのではなく、有るもので勝負する。そんな戦い方をして、1993年の初当選から3期連続で衆議院議員を務めた。

櫻田氏は1997年、60歳のときにくも膜下出血で亡くなった。僕に大きな影響を与えてくれた偉大な経営者だった。

第2章

「外食」で働くということ

~人とかかわる、人を育てる 編~

あなたの仕事が、どう日本の経済とかかわり
いかにこの国を動かす原動力となっていくか。
自分の仕事を客観的に考えることで
フードビジネスへのイメージが変わり、
また、モチベーションも上がると思う。
外食で働くということは、あなたが考えている以上に
すごいことかもしれない。

本当にフードビジネスはブラックなのか？

フードビジネスはブラックなのだろうか？　確かにフードビジネスにおける「サービス残業」や「名ばかり店長」、そして過労死、過労自殺という痛ましい出来事が報道されたのは記憶に新しい。フランチャイズでチェーン展開している企業が多いため、ノルマが優先されてしまったこともあるだろう。しかし、それよりも何よりも、日本社会全体が人手不足という大きな問題を抱えていて、フードビジネスも同様に人手不足を補うために無理な働き方をしていたということだ。各社・各店舗が労働基準法に違反しない働き方をすることで、同じ競争条件で経営していくことを徹底しなければいけない。

一方で、フードビジネスは身近であるがゆえに、他の産業以上にブラックなイメージがついたという実情もある。フードビジネスは、いわゆるB to C（消費者に対するビジネス）だから、大手チェーン店となれば、誰でも知っているという存在だ。対して、B to B（企業間取引のビジネス）ならば、さほど消費者には知名度がないから、ブラックと言われる実態が報じられても、多くの人の記憶にはさほど残らない。皆がやっているからよいではないかと言っているのではなく、同じことが問題化しても、印象や記憶の残り方には違いがあるということだ。外食は消費者が日常的に利用するビジネスだから、広がりやすく、消えにくいという面がある。

新聞やネットのニュースサイトで、工場勤務の従業員が作業中に負傷するなどの労働災害のすべてが報じられるわけではない。知名度が高い会社や、知名度は低くても複数人が死傷したようなケースは報じられるが、そうでないケースは報道を通じて知ることもない。報じられて初めて耳にする会社名ならば、よほど連日の報道にならない限り、関係者以外はすぐに忘れてしまうだろう。

たとえば、タカタと言えば、エアバッグの欠陥リコールが大問題になり経営破綻した(2017年)ということを知っている人は多いかもしれない。だが、この問題が発生するまでは、毎日自動車に乗る多くの人が、タカタという会社名を知らなかったはずだ。

マスメディアの報道にせよ、今やそれ以上に影響力があるSNSによる拡散にせよ、記憶に残るかどうかはつまり、企業の認知度によって違ってくる。自分の家の近所にあったり、食べに行ったことがあったり、よく看板を見たりするようなフードビジネスの場合は記憶に残りやすいのだ。ただし、身近であるがゆえに企業イメージが来店者数にも影響を及ぼすし、売り上げを左右する。従って、外食各社の再発防止のための取り組みは相対的に早く、かつ実効的であり、見えにくい産業よりも改善がみるみる進んできた。

フードビジネスは
業務改善のスピードがはやい!
賃金不払
×
長時間
労働
×
MENU
キツすぎる
ノルマ
×

24時間営業のお店が減ってきている

外食＝ブラックと言われる所以《ゆえん》が、年中無休、24時間営業にあると考えている人も少なくない。コンビニエンスストアやホテルなどの他にも、かつてはガソリンスタンドや衣料品店などでも24時間営業の店は多くあった。

いまフードビジネスでは、この問題への取り組みが進んでいる。

たとえば、ロイヤルホールディングスは2017年1月で、運営する大手ファミレスチェーン〈ロイヤルホスト〉の24時間営業を廃止した。深夜の来店客数の減少もあるだろうが、ランチタイムやディナータイムによりよいサービスを提供することや、健康に働ける環境で従業員の労働の質を高めることなどを念頭に、2011年頃から段階的に営業時間の短縮を進めてきた。

同じく、ファミレスチェーンのすかいらーくグループも、深夜2時〜同5時に営業を行なっていた987店のうち約8割の店舗で、原則深夜2時閉店、朝7時開店と改めた。2012年に営業時間の見直しに着手し、まず2013年には約600店の営業時間を平均2時間短縮した。深夜勤務していた従業員を他の時間帯にあてることでサービスを向上させ、全体の来店客数の増加につなげてきた。今回の取り組みで同社は、従業員がワークライフバランスを取りながら働ける環境づくりを進めていきたいとしている。

2社の決算資料を見ると、営業時間を短縮したからといって業績にマイナスの影響が出ているといったことはない。また、吉野家やマクドナルドでも、24時間営業の店舗は減ってきている。

ドイツには、1957年に施行された小売店の閉店時間を規制する連邦法、いわゆる「閉店法」がある。例外はあるが、原則平日は朝7時から夜18時30分まで、土曜日は朝7時から14時までの営業が認められ、日曜・祝日にお店を開けるのは禁止されている。

この法律の第一の目的は、日曜日はキリスト教の安息日であるという宗教的事情によるが、第二の目的は労働者保護だった。そして第三の目的は、小規模店の保護にある。営業時間が長くなればなるほど資本力と労働力のある大規模店のほうが有利になるからだ。

その後何度か「閉店法」は改正され、1996年には平日は20時まで、土曜日は16時までとなり、2003年にはさらに土曜日は20時まで営業が可能となっている。それでも、深夜営業に慣れた日本人から見れば不便な国に感じるだろう。しかし、当のドイツ国民はそもそも深夜や日曜日に外食をしたり買い物をする習慣がないため、不便を感じていないという。「自分が休息のときは、お店が休むのも当然だ」という価値観を持っている。

コンビニエンスストアでは、ファミリーマートが昨年（2017年）、店舗の深夜営業を見直し、経営への影響を見る実験を検討していると複数のメディアに報じられた。セブンイレブンやローソンからは、そうした情報は今のところ聞こえてこないが、今後どうなっていくのだろうか。百貨店では昨年末、最大手の三越伊勢丹ホールディングスが、今年（2018年）正月三が日の休業を検討していたが、最終的には断念した。

もちろん、深夜や正月の営業それ自体が「悪」というわけではない。ライフスタイルは多様化している。深夜に働きたい人だって当然いるし、深夜に食事をしたい人だっている。2011年の東日本大震災発生時、被災地では24時間営業店舗の灯りが被災者の心の拠り所となったこともあった。

だが、日本全国一律に24時間営業をし続ける必要性はあるのだろうか？　と考える時期にきているのは間違いない。同じチェーンでも、各地域、各店舗が従業員や顧客のニーズを見ながら、24時間営業の必要性をそれぞれに考えていくことも重要になっている。

そしてそれは、僕たち消費者にも言えることだ。

飲食業界に高い「働き方改革」への意識

2017年末の調査によれば、飲食店経営者の8割以上がフードビジネスに「働き方改革」が必要だと答え、約7割が1年以内に従業員の待遇改善を実施したと回答した。（「飲食店.com」会員163人を対象）。

「働き方改革」が必要だと答えた回答のなかには、「長く仕事を続けてもらうには、休みを増やしたり早番・遅番などを設けたりして労働時間を短縮しなければいけないと思う」「他の業種との競争力を高めるためにも、飲食業界全体で改革に取り組んでいくことが必要な時期にきていると感じる」といったコメントがあった。一方で、「飲食などのサービス業はただでさえ人が休む・遊ぶ時間に働く仕事なので、労働基準法をすべて当てはめるのは難しいと思う」と、一律の法適用を疑問視する声もあった。

従業員の待遇改善では、給与の引き上げや時短など柔軟性のあるシフトの導入、休日増加、福利厚生の充実、営業時間短縮などが挙げられた。実施したうち約5割が人材確保に効果があったと答え、「離職率が明らかに減少した。もちろん人件費は高くなるが、今は好循環で回っている」「営業時間を短縮したが、1日トータルの作業は変わらないので従業員側も効率のよい働き方をしてくれるようになった」などのコメントが寄せられたという。

フードビジネスは1店舗経営から大規模チェーンまで規模も業態もさまざまだが、業界内で互いによいノウハウを共有できれば、業界全体にとってもプラスとなる。

ロイヤルホールディングスは、〈ロイヤルホスト〉の2016年の全店舗の平均営業時間が16・8時間だったところを、2017年には15・5時間と、1・3時間の短縮を試みた。これに伴い、同社は当初、既存店売上高で前年に対しマイナス2%を想定していた。だが蓋をあけてみると、102・0%と前年を上回った。

これは、同社が人件費削減ではなく価値の向上による生産性の向上を実行したためだ。営業時間は来店客が比較的少ない早朝、深夜を短縮し、店長はじめ従業員が中核の時間帯であるランチとディナーに集中できる環境を作った。開店時間を9時などとすれば子育てと両立する女性も働きやすく、店長も来店客が多い時間帯に自ら接客、采配《さいはい》することができる。劇的にではないが来店客の待ち時間や料理の提供時間も短くなり、従業員の目が行き届くようになって、お水の継ぎ足しにもすぐ来てくれる。ならばデザートも食べていこうか、といった具合で客単価が上がっていったというわけだ。加えて、サラダ用の野菜を国産化したり、ステーキ用の牛肉を肉汁を逃さないようチルドで輸入したりするなど、商品価値の向上への取り組みも評価されている。

同社はまた、生産性向上と働き方改革を目指したR&D（研究開発）店舗、「GATHERING TABLE PANTRY（ギャザリング・テーブル・パントリー）」を2017年に都内にオープンした。

このお店では、現金は使えない。電子決済による「完全キャッシュレス」、「セルフオーダー」のシステムを導入している。報道では店舗の無人化、人件費削減といった見方もされたが、同社の一番の狙いは、〈ロイヤルホスト〉と同様に特に店長が接客や調理、またその教育に集中できる店舗のあり方を模索することにある。レジでのお金の計算がなくなることで、日本円に不慣れな外国人労働者の雇用をしやすくなるというメリットもある。実際、同社のフルサービス店舗の店長の業務時間の割合では、管理・事務業務が19％なのに対し、同店は5・6％、一方で接客・調理にかける時間は他店が55・9％に対して67・4％となった。

こうした「完全キャッシュレス」の店は、今後、珍しくなくなるだろう。

行き過ぎた価格競争による「安い産業」イメージ

フードビジネスは、長引くデフレのなかで厳しい価格競争を強いられてきた。そしてこのことが、「フードビジネス＝安物産業」というイメージを作り上げてしまった面もあるのではないだろうか。

今、一個100円の〈マクドナルド〉のハンバーガーは、バブル時代の1985〜1995年までは最高値の210円であった。2002年には最安値の59円で買えたこともあったし、牛丼並盛り一杯は最近まで200円代だった。その結果、今は世界的に見て、日本の外食は圧倒的に安くなった。しかも、安くて美味しくてサービスがよいという、今や他に類を見ないコストパフォーマンスの外食の国になった。

世界各国の経済力比較の目安として、イギリスのエコノミスト誌が毎年、世界でほぼ品質の変わらぬビッグマック1個の値段を発表しているが、日本は1個380円で56か国中35番目。1位はスイスで749円、アメリカは5位で585円、フランス、イタリアは同額7位で569円、お隣の韓国は24位で456円だ（2018年）。

日本から他の国に進出した〈丸亀製麺〉のかけうどん（並）を比較してみると、日本では290円、ハワイが約420円、米国本土が約500円、ロシアが約260円となっている。

自動車産業も家電業界も、どの産業にも価格競争がある。そのなかで外食は、参入障壁が低い分プレイヤーが多く、他社（他店）との圧倒的な技術力の差が発生しにくいという特徴がある。

また、レシピのアイデアは著作権で守られない。話題になるメニューが生まれれば、すぐに似たような商品があちこちの外食店で誕生する。最近の例だけ挙げても、ローストビーフ丼、チーズダッカルビ、厚焼き玉子サンド…など全国各地の飲食店で食べられるようになった。これが悪いと言いたいのではない。外食はメニュー開発において、使う食材や調理法、盛りつけの工夫で差別化を図るという厳しい戦いを繰り広げており、価格競争に流れやすい環境と言える。

首都圏で20店舗を展開する〈つばめグリル〉の名物はいわゆるハンバーグステーキなのだが、店のメニューにその文字はない。〈つばめグリル〉では、調理にも名前にもこだわって「ハンブルグステーキ」と呼んでいる。同社の石倉悠吉社長は「スクラッチ」こそ、付加価値を高めていくために必要なことだと考えている。

ここで言うスクラッチとは、出来合いのものを使わずに、自分達の手で一から手間暇を惜しまずに作っていくということだ。

同社のセントラルキッチンでは、ハンブルグステーキのために一頭買いした牛肉や豚肉を8センチ角ほどの肉片に加工するまでしかしない。そこから先は各店舗で行っている。各店舗ではお客さまの入り具合に合わせて一日に何度も肉を挽き、その度に手ごねで成型してから焼き上げていく。一旦、挽肉にしてしまえば鮮度と味が急速に落ちてしまうからで、冷凍して保存することもない。

家庭で手軽に食べる料理とは違い、外食に来たからこそ味わえる丹精込めた料理が提供され、消費者はその価値にふさわしい価格を受け入れていく。そうした価値観が共有されれば、日本のフードビジネスは、より一層美味しさと安全性が高まっていくだろう。

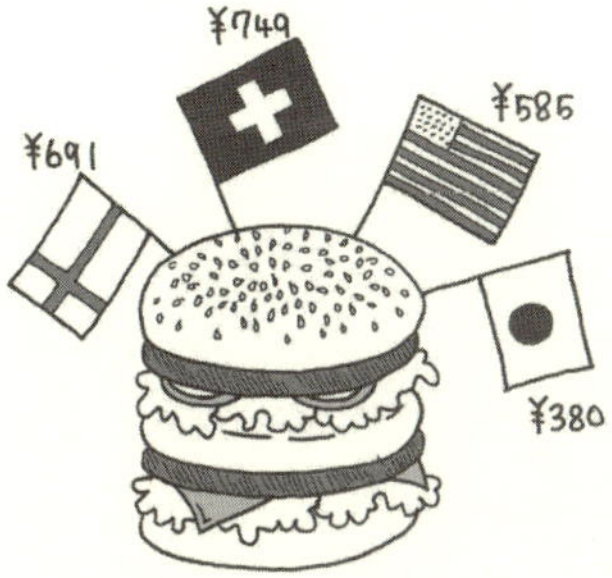

安すぎる価格には疑問を持とう

もちろん、価格競争は悪いことではない。企業は不況のなか、売上や雇用をなんとか確保しようと技術開発も含めてまさに血の滲むような努力をしてきた。日本のコスト削減は、政治・行政の分野はさておき、民間においてはかなり進んでいる。

大げさではなく、世界で最も安くて、美味しくて、安全な食事を味わえる国が、日本だと言える。単純に考えれば、僕も一人の消費者として、モノの値段が安いのは嬉しいことだ。だが、消費者としては、「あまりに安すぎるのはおかしくないか…」と感じることも大切だ。

価格競争の行き過ぎで起きた事件やトラブルは、ここ最近、枚挙に暇がない。

2017年、安さが売り物の旅行代理店〈てるみくらぶ〉が経営破綻した。スーパーで売られる日本の冷凍食品も、安さを競うことが主眼となり中国に製造拠点が移ったが、その製造過程で中国冷凍餃子事件が2008年に起きた。コープで売られていた「手作り餃子」というパッケージの中国産冷凍餃子を食べた千葉と兵庫の人が、食中毒症状を訴えて入院。両県警が調査したところ、この餃子には、殺虫剤などに使われる有機リン系の農薬メタミドホスが混入されていたのだ。

安いものをすべて否定するつもりはない。しかし、モノやサービスにはそれ相応の対価があるはずで、「なぜ、こんなに安いのだろう?」と疑問に思う意識が必要ではないだろうか。長引くデフレで企業によるコスト削減は、限界まで追求された。消費者が商品の質よりも価格の安さに目を奪われる結果、価格競争が回り回って、自分たちの給料や働き方にも影響を及ぼした。

外食産業は家族経営など零細店も多く、効率化を図るのが難しいところも少なくない。利益をちゃんと確保できないほどの価格競争が、生産性を低くとどめる要因となっている。行き過ぎたデフレ化が、ブラック的体質を図らずも生み出してしまう場合もあるだろう。先の中国産冷凍餃子もそうだが、価格競争は食の安全性までを脅かすのだ。

僕はさらに、日本特有の文化も関係しているのではないかと思う。それは、海外から評価される「おもてなし」の精神だ。サービス業のなかでも外食は、サービスの良し悪しが店の評判と売上に直結する。

お客さまに尽くすのが美徳であるという考えから、質の高い調理や盛りつけ、接客にもそれ相応の対価を求めてこなかったのではないだろうか。「お客さまが喜んでくれればそれで十分」というのは客側にとっては嬉しいが、フードビジネスの発展のためにも、自信を持って対価を求めていいのではないかと思う。

きちんとした商品、サービスに消費者が相応の対価を払うことでその企業は育ち、産業として発展し、ひいては日本全体の力になる。

外食は「Do over」ができる

「Do over」という言葉がある。もともとは壁などをペンキで「上塗りする」という意味だが、そこから転じて、欧米では人生を「やり直す」という意味でも使われる。そして外食は、この「Do over」ができる産業だ。一昔前の男たちは、「脱サラして小料理屋をやる」という夢を語ったし、事業に失敗したときには、食い扶持を語って「屋台でも曳《ひ》くか」などが常套句だった。

僕も政治の世界という不安定な人生を歩み始めてから、「食べていけなくなったら屋台でも曳こう」なんて、何度妻と話したかわからない。当然ながら、小料理屋も屋台も、開店するにも継続するにも大変な努力と創意工夫が必要で、決して簡単なはずがない。ただ、急に「自動車でも作るか」とか「銀行でもやるか」と思い立ってもその実現は難しいが、外食は自分や少人数のパートナー、そして他産業に比べれば小規模な資金で挑戦できるのが魅力だ。

外食店経営者の宇野隆史氏が書いた『トマトが切れれば、メシ屋はできる　栓が抜ければ、飲み屋ができる』（日経BP社、2011年）という本のタイトルはまさにそれを表していると思うが、挑戦の門戸は家柄や学歴、年齢にかかわらず多くの人に開かれている。

近年、日本型雇用システムはさまざまな面で見直しが必要だと叫ばれているが、なかでも僕は、この「Do over」、やり直しがし難いシステムであったことが問題の一つだと捉えてきた。真面目に努力すればやり直しができる、チャンスに富んだ社会にしたいと考えてきた。その意味で、外食の世界にはチャンスがあると言える。

〈モスバーガー〉の創業者、櫻田氏は証券会社の社員から、タイ料理のスースーチャイヨーの川口洋社長は外務官僚からフードビジネスに転じた。国内外で店舗展開する人気ラーメン店〈麺屋武蔵〉の創業者、山田雄氏はアパレル会社の経営者だった。都内・神保町には元ITエンジニアの小林せかいさんという方がメニュー開発から店舗経営まで、これまでの飲食業になかった斬新なやり方で切り盛りしている食堂〈未来食堂〉がある。「お客さんが50分お店を手伝えば、900円の定食が1食無料」「ランチのメインのおかずは1種類だけで、食材ロスをなくす」など、今までの外食産業になかった発想力を、お客さんも面白がっている。関東を中心に展開する寿司店〈すしざんまい〉で有名な喜代村の社長、木村清氏は元航空自衛隊員で、司法試験を目指していたこともあったという。都内を中心に鉄板焼きレストランなどを展開するケーズカラナリープランニングの越野健太郎社長は建設、証券業界を経ての独立だった。

北海道釧路市の三ッ星レストランシステムの鎌田律子専務は専業主婦からの転身だ。子どもが高校に入学した年から同社の飲食店でパートを始めた。熱心に働き、店舗の現場で感じた課題を率直に経営幹部に進言、自らも課題解決に取り組んだ。その姿勢と実績が評価されて社員となって13年（その前にパートアルバイトとして4年、合計17年）、現在では専務取締役に昇格した。2人の子どもも独立、6人の孫を持つ現在、鎌田さんは国内外の出張もこなしながら忙しく働いている。鎌田さんの年収は2017年度で1000万円超だという。

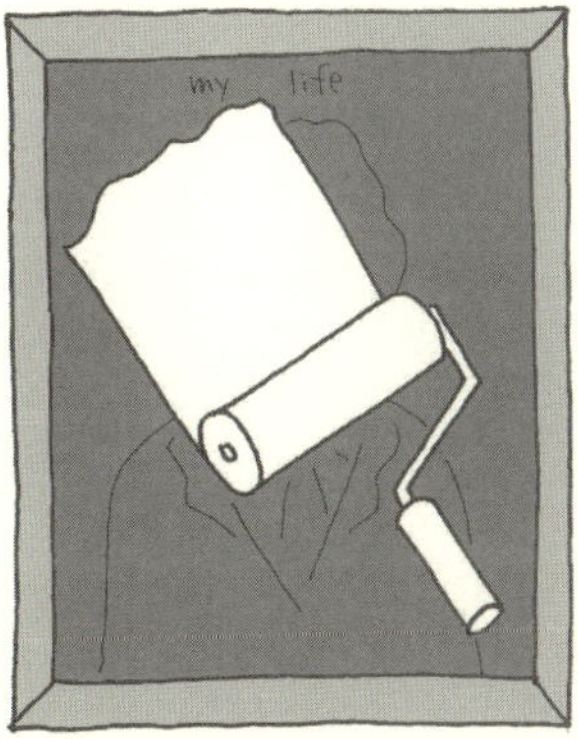

Do over できる！

女性活躍を支えるのも、外食の役目

フードビジネスは、昨今さかんに言われる「女性活躍社会」のモデルケースとも言える。先述の鎌田さんは主婦からの「Do over」だが、現状の日本では女性の就業者数が増え、夫婦共働きの家庭も増えている。

厚生労働省によると、平成28年の女性の労働力人口は2883万人と昭和60年から約22％増え、労働力人口総数に占める女性の割合は43・4％と同3・7ポイント上昇した。

女性就業者数の労働力率は妊娠・出産・育児と重なる年齢層がガクンと下がる「M字型」と言われる。平成28年の労働力率は「25〜29歳」（81・7％）と「45〜49歳」（78・5％）を左右のピークに「35〜39歳」（71・8％）を底にするM字を描いた。前年の「底」は「30〜34歳」（71・2％）だったが、これと比べると「底」は0・6ポイント上昇し、M字も年々緩やかになってきている。

子どもを保育園に預けられない待機児童などの課題も山積しているが、僕が子どもの頃は当たり前だった「男性は働き女性は家事をする」といった考え方は大きく変わってきている。成立したばかりの「女性活躍推進法」には、〈働く場面で活躍したいという希望を持つすべての女性が、その個性と能力を十分に発揮できる社会を実現するため〉とある。この目標を達成するうえでも、外食が担う役割は大きい。

岡山県を基盤にするケイコーポレーションは、１８９２（明治25）年創業の「１００年企業」だ。寿司などの和食を楽しめる〈かもがた茶屋〉、〈かもがた亭〉、トンカツの〈ふく徳〉、焼肉の〈牛八〉、少々高めの値段設定の和食店〈くらしき茶寮〉などを展開している。

同社にはパート・アルバイトを含めて約７００人の従業員がいるが、女性が活躍できるように社として力を入れていることの一つが事業所内保育所だ。

近年、都市部を中心に待機児童問題は大きな政治課題になっている。

待機児童が多いエリアでは、大企業を中心に事業所内保育所を設けるところが出てきたが、ケイコーポレーションでは10年以上前にすでに従業員向けに設置していた。就学前までの子どもを最大30人まで預かり、保護者（従業員）の実費保育料負担は月額１万円だから、一般の保育料と比べれば破格だ。従業員は育児によって仕事を辞めないで済むし、子育てにお金がかかる時期だからこそ働く意欲も高い。一般的な保育園の保育料は所得などによって人それぞれだが、高額の保育料を払う人からは「何のために預けて働いているのかわからなくなる」という溜め息も少なくない。企業のこうした努力で保育料が下がれば、就業意欲や継続した就業を促すことができる。

ワタミグループは残業時間の削減や有給休暇の取得推進、短時間勤務制度などを導入し、女性社員の離職を防ごうと取り組んでいる。各種制度により、２０１４〜２０１５年度の女性社員の１年目離職率は19・３％だったが、17年度は８・２％に低下させた。今年３月末現在、同社の女性の育休取得率は、全業種や業界平均を上回る１００％に上る（男性社員は２％）。

「次世代育成支援対策推進法（次世代法）」に基づき、厚生労働省が定めた子育てサポート企業を認定する「くるみん」という事業がある。仕事と育児の両立支援に取り組む一定基準を満たした企業２９１９社（平成30年６月末現在）が認定を受けている。

「くるみん」認定を受けたすかいらーくグループは、短時間勤務や男性の育児休暇取得などを推進し、育休取得率は93％に上る。

九州を中心にファミリーレストランを展開するジョイフルも「くるみん」認定企業。同社社長は穴見くるみさんという女性で、育児・介護などを支援する制度を取り入れ、男女共に働きやすい環境づくりに力を入れている。今年４月には店舗のパート、アルバイトを無期労働契約とし、店舗で働く正社員の所定休日を１０５日から１２０日に増やし、有給休暇を就労時から取得できるようにした。

共働き、共家事、共育児という協働スタイルは、今後より一層増えていくことは間違いない。もちろん、長時間労働の是正は必要だし、家族で夕食の食卓を囲むことは大事だ。その一方で、協働スタイルの家庭にとって、外食を活用するのはとても重要な選択肢だ。「今晩は外で夕飯にしよう」ということは、一家団欒の場所が家からお店に移るということだ。女性が活躍しやすいフードビジネスは、外食以外の分野で働く女性にとっても、協働スタイルのための強い味方と言える。

外食・中食産業における働き方の現状と課題

フード・サービス業（男性・女性）と、
全産業の正社員組合計における比較

	男性と比べ賃金・一時金が不公平だ	同期入社の男性と比べ昇進が不公平	残業が多かったり労働時間が不規則	研修や教育訓練の機会が少ない	昇進・昇格につながる仕事が少ない	仕事上の責任や権限が少ない	やりがいのない仕事が多い	転居を伴う転勤がある
正社員組合員計	16.8	21.8	14.0	11.8	19.5	19.5	9.6	14.1
フード・サービス男性	13.0	20.6	19.5	6.5	15.3	17.8	7.6	16.9
フード・サービス女性	16.9	21.1	33.8	15.5	16.9	8.5	7.0	23.9

	育児休業を取りにくい	保育環境が整備されていない	介護休業制度が取りにくい	出産育児・介護で昇進昇格が遅れる	女性の仕事に管理職に理解が無い	セクハラがある	女性の仕事意識の改革が遅れている	無回答
正社員組合員計	25.5	35.4	13.6	30.0	21.5	10.3	28.9	11.9
フード・サービス男性	46.9	45.2	20.1	33.6	26.0	20.3	24.6	12.4
フード・サービス女性	33.8	46.5	14.1	39.4	31.0	15.5	29.6	2.8

※緑字は全産業の正社員組合員計より高い数値

（2018 年 3 月　農林水産省　食料産業局 資料より）

高齢者は働けないって誰が決めたの？

日本の高齢者は世界でも稀に見る就業意欲の高さを誇る。「厚生労働白書（平成28年版）」によると、60歳以上のシニアで「65歳を超えて働きたい」と考えている割合は実に約66％に上り、このうち「いつまでも働きたい」という人も約3割いた。そもそも「高齢者であると思う年齢」について「70歳以上」と答えた割合が約4割と最多で、定年はもちろん、生産年齢人口（15歳から64歳まで）の定義から見直してもよいのではないかと思える。また現在、高齢社会による年金財政対策として、年金の支給開始年齢を68歳まで引き上げることも財務省内で検討されている。ということは、働ける人、働きたい人は、その年齢までは働くということが前提とも考えられる。

シニアが働く理由については「経済上の理由」が最も多いものの、「生きがい、社会参加のため」「健康によいから」などポジティブな回答が続いている。そして、シニアが仕事を選ぶにあたって重視するのは「体力に無理なく続けられる仕事であること」が最も多く、「自分のペースで進められる仕事であること」「勤務日、勤務時間を選べること」などと続く。逆に、「給料がよいこと」はわずか7・5％でしかない。「健康なうちは働きたい」と考えているし、「働くことで健康でいたい」という意識が根底にはあるということだ。

鹿児島県を中心に飲食チェーンを運営する康正産業は、同県や大分、宮崎、熊本でファミリー向け和食・焼肉レストラン〈ふぁみり庵はいから亭〉や回転寿司〈寿しまどか〉、焼肉と韓国料理の〈古宮庵〉などを展開している。日本全体の平均より急速に生産年齢人口が減少し、高齢化が進んでいる鹿児島県でビジネスを展開するのに「一番の課題は働いてくれる人の減少にいかに対応するか」だと肥田木康正社長は言う。そして、「うちではもう既に高齢者は多く働いています」と話すように、地方では都心部よりも多様な人材の活用が進んでいる。康正産業の全従業員1684人のうち、60歳以上の人は11・28%、65歳以上で5・53%を占めている。実数では、70〜74歳の人が19人、75歳以上の人が7人働いている。

また、同社では店の定休日を設け、従業員の負担が増えないようにしている。当然ながら、シニアは若い人と同じような体力で働けないが、そのことさえちゃんと理解すれば、企業はこれほど意識の高い人材を逃す手はないだろう。

客も働き手も若者というイメージが持たれがちのハンバーガーショップでも大きな変化がみられる。〈モスバーガー〉では、「モスジーバー」なる人達が活躍している。

これは〈モスバーガー〉で働く60歳以上の従業員の愛称で、モスバーガーと、お爺ちゃん、お婆ちゃんという言葉を組み合わせた造語だ。モスジーバーは現在、全従業員の約5％を占める。もっとも、今では高齢者の定義というのは65歳以上というのが一般的だが、同社の五反田東口店（当時）では、今から10年以上も前の2006年には、60代従業員の比率が20％を超えていた。

モスジーバーは、同社が命名したわけではない。高齢者を積極的に採用していることがメディアで報道されるようになり、いつしかそう呼ばれるようになった。また、経営方針として「シニアを活用しよう！」と号令をかけたのでもない。シニアを採用した各店舗の店長が「シニアの方が相対的に、若者よりも真面目に働く」と実感し自然に増えていったのだという。もちろん、40、50代から働いてきた従業員の雇用を継続した結果でもある。モスジーバーは「細やかな気遣いができ、就業意識が高くて、急な欠勤は若者よりも圧倒的に少ない。また、時間の融通がきくし、同年代のお客さまを呼び込む効果もある。さらにスタッフ間に交流が生まれる」（櫻田厚会長）という。

ファストフードには、シニアにとっては体力的にきついと思われる立ち仕事もある。シニアデビューの場合は、最初の業務手順を覚えるまでの時間は若者よりも時間がかかることもある。このため同社ではシニアと若手で行う作業を分業するなど、メリットを最大限発揮するための取り組みも始めた。

日本マクドナルドでも60歳以上の「シニアクルー」を積極的に採用している。同社では約14万人の「クルー」（アルバイトスタッフのこと）が働いているが、業務のためのオリエンテーションやトレーニングの内容は、シニアを含めて多様な人材にわかりやすいように構成しているという。

クルー歴約4年の男性（65歳）は、朝7〜10時の3時間働いている。男性は「朝の3時間をめいっぱい働けるので、メリハリある生活の基本になっている。家事や読書など、自分の時間と両立も可能。お客さまやまわりのクルーから、毎日エネルギーをいただいている」とコメントしている。〈マクドナルド〉のユニフォームはユニバーサルデザインで、誰でも着やすいのも特徴だ。

精肉販売や和食レストランなどを手がける柿安本店では、ショッピングモールを中心に出店している和菓子屋〈口福堂〉を展開している。その最前線はシニアばかりだ。看板メニューのおはぎは、「年配の方が作っているから美味しそう」（赤塚保正社長）という声ももらうという。

すかいらーくグループも、展開するファミレスで「プラチナ世代」と呼ぶシニア層の採用を強化している。同社の募集要項において、年齢は「不問」。50～60代の「クルー」が約1万人活躍しており、早朝やランチタイム、深夜などさまざまな勤務時間から相談の上選ぶことができるという。同グループの〈ガスト〉で働く男性の一人は50代後半でアパレル業界から転身した。最初は「ついていくのがやっと」だったが、慣れるにつれ勤務も週3回から5回に増やしていった。「一歩踏み出して働き始めてさえしまえば、生活の活力が戻ってきて元気になるはず。実際、私はここで学んだことを活かして、いつか自分の飲食店を持ちたいという夢を抱くまでになった」としている。

日本社会にこの考えが浸透すれば、「高齢者一人あたりを現役世代〇人で支えなければならない！」という、超高齢化社会の報道でよく目にする、この脅しのようなフレーズも意味をなさなくなり、高齢者への偏見もなくなっていくはずだ。

働きがいがある職場って、どんな職場？

昨今の脳科学研究では、人間の脳は、「自分だけが喜ぶ」行動をしたとき、一度その欲求が満たされるとそれを抑制するホルモンが出るが、「自分以外を喜ばせる」行動をしたときには、抑制ホルモンが出ずに、脳の状態はより快適になることがわかっている。人を喜ばせたい、役に立ちたいという気持ちは、本能的に誰もが持っているものなのだ。

仕事を選ぶ際の理由に、「人の役に立つ仕事をしたい」という項目が入る人は多いと思う。働いた分の給与を適正に得ることはもちろん大切だが、やっぱり自分が頑張って した仕事で他人が喜んでくれたり、「ありがとう」と言ってくれたりしたら、それは素直にやりがいにつながるものだ。どんな仕事も誰かが求めているモノやコトを満たし、それぞれの仕事は必ずつながっていて、誰かのためになっている。数多ある仕事のなかにあって、誰もが楽しみにしている食の欲求を満たすフードビジネスは、ダイレクトに「ありがとう」と言ってもらえる代表的な仕事だと言える。

フードビジネスは食事を作って提供する産業だが、いわゆる製造業とは大きく異なる。製造業といえば、普段なかなか見ることのない工場で作られ、遠方から運ばれて倉庫に保管され、店頭に並ぶというメーカーを想像するだろう。だが、フードビジネスはお客さまと同じ場所で作り、できたてのものをその場で提供する。

調理した人の工夫や努力はすぐにその一品に反映され、食べた人は表情をほころばせ、「美味しい」と発する。その表情や反応を、料理を提供した人は目の前で確認することができるのだ。もちろん、この逆も然りだ。僕は仕事柄、さまざまな業種の方にお会いするが、「自分のやっている仕事が何のためになっているのかわからない」「やりがいを感じられない」とこぼす人も少なからずいる。だが、外食で働く人は「お客さまに『美味しい』『ありがとう』と言ってもらえるのが一番嬉しい」と口を揃える。

僕はお店で美味しいものを食べたら、店員に「美味しかった。ありがとう」と素直に伝える。ときに、サーブしてくれた店員に食材や調理法について聞いたり、料理人に感謝の気持ちを直接伝えたりするようにしている。「ありがとう」という言葉は片方だけでなく、お互いが言うとさらに、心地よい言葉となる。

讃岐うどんを全国展開する〈丸亀製麺〉は、なんと、社員全員がうどんを打てるのだという。言うまでもなく、〈丸亀製麺〉にとって何よりのウリは打ちたてのうどんだ。努力して腕前を上げ、自分が打ったうどんでお客さまが笑顔になる喜びを実感する、〈丸亀製麺〉にはそんなうどん職人が社員の数だけいるのだ。フードサービスのやりがいを知った社員だからこそ、管理職になっても各店舗でその素晴らしさを伝えていく。

この10年間で〈丸亀製麺〉が出店した店舗数は719店、16、000人の社員が増えている。人手不足にあってこれだけの働き手を確保できているのは、自らの達成感とお客さまの反応を実感できる職場に惹かれるからだろう。

頑張った分、きちんと報われる職場に

従業員の満足度向上を理念に掲げる企業は数多ある。

北海道釧路市にある三ッ星レストランシステムは、北海道が誇るグルメ回転寿司の一角を成す〈なごやか亭〉を釧路市内に4店舗、札幌市内に9店舗、道内帯広市や滋賀県などを合わせて計17店を展開している。また焼肉の〈ぼくぜん〉、〈牧歌園《ぼっかえん》〉を釧路や札幌で計7店、トンカツの〈かつ善〉を釧路市内に1店、合計25店舗を展開している。

実は、同社は人口減少の影響を真っ先に受ける地方都市において、売上高を伸ばし続けている。釧路市の人口は約10年前の2007年が約19万人で、2017年9月末現在は約2万人減の約17万人。札幌に近い苫小牧市や帯広市と比べても減少幅は大きく、なかでも若い世代や生産年齢人口の減少が著しい。人口減に伴い、民営の事業所数や従業者数なども減少傾向にある。そうした環境にもかかわらず、三ッ星レストランシステムの売上高は2005年が36億円、2010年が51億円、2017年は約60億円を見込むなど右肩上がりの売上で成長を続けている。

成功の秘訣を創業社長である谷川富成氏は「私が従業員に食べさせてもらっているのだ」と話す。同社には基本精神として、従業員（社員、パート、アルバイト）が満足できる環境で働いていなければ、お客さまに対して満足なサービスが提供できないという考え方があり、まず従業員を大事にした事業展開をしてきた。実際、他産業と比べても高い給与や時給という最も伝わりやすい方法でそれを証明している。

同社が展開する店舗の平均時給は980円で、現場の社員平均年収は560万円。実際、30代前半で年収700万円以上という社員が多くいる。これは地元の金融、製造業を含めた各業種のなかでもトップ水準であるばかりか、社員全体の平均年収は全国の平均年収を上回る。国税庁の民間給与実態統計調査によると平成28年の全国平均年収は約420万円だ。北海道内には50社超の上場企業があり、公開されているそれらの企業の給与水準と比較しても、非上場の三ツ星レストランシステムは明らかに上位に入る。

フードビジネスは給与が安い、待遇が悪いというイメージを払拭するべく、同社はこうした待遇を新卒採用のウェブサイトや求人サイト、店舗に掲示するポスターなどで明示している。全国水準以上の給与でありつつ、同社の社員の約3割が勤務する釧路では2500万円あれば50坪の一軒家が買えるのだから、社員の人生設計は描きやすい。

比較的高額な給与を受け取っている三ツ星レストランシステムの従業員だが、さらに従業員の待遇向上を目指している。谷川社長は「仕事が暇で休日が多く年収が低いよりも、仕事をした分だけ給与や成果に応じた配当がある方がよい」というシンプルな考え方だ。そのため同社は、サービス残業を廃止して残業代をすべて支払い、さらに「四半期分配制度」を設けて年4回、利益の一定割合を成果配分として社員に還元している。この他、おせち手当と決算手当があり、計6回の賞与がある。

退職金は平均1100万円の見込みから、近い将来、2000万円に引き上げる計画だという。「頑張った分、きちんと報われる」というのは働く人々に共通する願望だが、それが現金なのだから、会社にとってみればごまかしがきかない。口先で「従業員を大切にしている」というのではなく、社員が「大切にされている」という実感が金額となって現れ、それがモチベーションの高まりになっている。

谷川社長は現在、従業員のための新たな福利厚生として、〝ストック・オプション（自社株買い）的〟制度の導入を模索している。別業態の外食チェーンを展開する新会社を設立し、三ツ星レストランシステムの従業員が株主となって新会社を上場させることを目指すもので、「第二の退職金にしたいと思い、現在研究している」という。

岡山のケイコーポレーションの社長である恵谷龍二氏は、子ども時代、学校から帰ると両親が切り盛りするレストランを当たり前に手伝っていた。その経験から、「フードビジネスは『夫婦が幸せになる産業』と考えるようになった」と話す。

その一例が、惠谷氏が聞いたあるラーメン屋の話だった。「あるチェーンのフランチャイズオーナーのご夫婦は40年以上働き、1億円以上を貯めて引退した。人の生き方に、こうした職場を提供できるようになりたいと考えている」と言う。

働くなら、誰もが給料の高いところを探すのは当たり前だ。だが、それは単なる金銭欲ということではない。プロスポーツの選手が「年棒こそ自分の評価」と言うのと同様に、それは社員の自負となり、会社から期待されているのだという誇りが生まれ、給与に見合った仕事をせねばというプロ意識を育てる。仕事は、「お金か、プライドか」の二択なのではなく、「お金も、プライドも」両輪で考えるべきだ。給与による評価があれば、プライドも自ずとついてくるのだ。

お金
プライド

中小企業が大企業に勝てるのも
フードビジネスの魅力

かつてどの街にもあったいわゆる肉屋、八百屋、魚屋、本屋、電気屋などがめっきり減ってきた。中小企業庁の調査（平成27年度）によれば、商店街の最近の景況が「衰退している」「衰退の恐れがある」と答えた商店街は67％。「まあまあである（横這いである）」と答えたのは25％。一方、「繁栄の兆しがある」「繁栄している」と答えたのは5％程度にとどまった。大手企業やネット販売にとって代わられたということだ。

外食においても、大企業の全国チェーン店はどの地方にもある。しかし、それぞれの地元に根づいた中小のローカルチェーンも多いし、オーナー経営者が切り盛りしている唯一の店舗という店もまだまだたくさんある。

他産業と比べてなぜ外食においては中小零細企業が生き残っているのだろうか。製造業と比べてみるのが一番わかりやすいだろう。家電製品も衣類も生産拠点と販売拠点は異なり、商品は基本的に日持ちする（腐らない）、ストックできるものだ。食品分野にしても、工場で生産した消費期限つきの商品については同じことだ。さらに、それらの商品は機械化による大量生産や人件費の安い場所での生産によりコストを下げることができる。そうした要因があって大量生産・大量販売が可能になり、大企業・大資本が競争で優位に立つことができる。

ところが、外食の分野は基本的に「作りたての商品を提供する」産業だから、大量生産して作り置きができるわけではない。もちろん、セントラルキッチン（複数の店舗で提供する料理を1ヵ所で作っている施設）などによる効率化や、調理の機械化も進んできたが、いずれも限界がある。外食店舗に共通するのは、調理をした熱々の商品をホスピタリティと共にお客さまの元に届けるということだ。したがって、製造業との生産性の比較には根本的な条件の違いがある。

全国で730店舗以上もチェーン店がある〈餃子の王将〉は、餃子の餡はセントラルキッチンで作っているものだが、皮で包んで焼くのはその店の料理人だ。麺類や一品料理などのメニューに関しても、全店舗共通のものが多いが、たとえば中国・九州地域ならとんこつラーメンがあったりと、エリア別メニューで独自性を出している。王将ファンであれば、○○駅前の店舗よりも、▽▽商店街にある店舗のほうが餃子の焼き加減がジューシーだ、なんていう好みも出てくる。フードビジネスは、大企業も中小企業も一店舗のみの店も共存している分野だ。それでも食材などをはじめとする大量入荷によるコストダウンなど、大手全国チェーンは価格競争力では優位だ。

岡山のケイコーポレーションでは、今後、「高付加価値」で「高価格帯」の店舗開発に力を入れていくという。

安さという価格競争ではなく、付加価値という差別化を図ることで大手との競争を考えている。惠谷社長は「今後の日本の外食市場では、川上（高付加価値・高価格帯の業態）と川下（安さを売り物としている業態）が生き残り、中間は厳しい」と見る。「我々のような企業は全国チェーンのような規模のメリットはないため、川上を目指さなければ生き残れない」と考えているという。

北海道の三ッ星レストランシステムの谷川社長も「外食はできたての商品を提供する産業だから、中小、零細でも努力と工夫次第で十分戦える」と断言する。

ミシュランガイドは外食店舗の著名な評価媒体だ。もともとはフランスのレストランを覆面調査して、一ツ星から三ツ星までの評価結果を公表していたが、2007年に東京版を発表した。その結果、東京にはパリの2・5倍にもなる226店舗が掲載され、まさに日本の外食のレベルの高さを示す結果となった。この226店舗のすべてが零細企業と言える。上場企業、いわゆる大手企業は一社も存在しない。

大企業と地方の中小企業が棲み分けられるというのは、外食産業ならではの面白さであり、これからも続いていくことは間違いない。

町の一軒から大企業になれる

前章でも少し触れたが、今から28年前、松下政経塾で学んでいるとき、僕は〈モスバーガー〉の創業者、櫻田慧《さとし》氏に初めて会った。

櫻田氏は証券会社に就職し、ロサンゼルス支店へ配属されたときに食べた〈トミーズ〉というハンバーガーショップの味が忘れられず、フードビジネスを志して1972年に〈モスバーガー〉1号店を東京都板橋区成増の商店街のなかにオープンした。〈マクドナルド〉の日本における1号店が銀座4丁目からスタートしたのに対し、〈モスバーガー〉は駅前の通りから一、二本入ったところや、住宅地に近い場所にある店舗が多かった。この「B級立地」こそが、当時は知名度に劣るモスバーガーが選んだ「戦術」だった。

言うまでもなくハンバーガーは海外からの輸入食文化だ。すでにどこかの国で成功しているブランドの場合なら知名度もノウハウもある。それに対して、日本発の〈モスバーガー〉は2・8坪の町のハンバーガー屋から始まった。そして、1985年に店頭登録銘柄に上場、今ではターミナル駅などの一等地にも店舗を構え、国内47都道府県に1335店、海外8カ国・地域で357店を展開、売上高700億円超、従業員数1300人超の一大外食企業になった。

〈モスバーガー〉は駅前の利便性という武器を失う代わりに出店コストを抑え、その分、日本人が好むハンバーガーを、注文を受けてから作るというファストフードらしからぬ勝負をして成長してきた。デフレ下にあっても価格競争とは一線を画した展開をしてきた。

今や全国で讃岐うどんが楽しめるようになった〈丸亀製麺〉。創業社長の粟田貴也氏は、昭和60年、兵庫県加古川市で焼鳥居酒屋の〈トリドール三番館〉を開店した。当時、粟田氏は「いつか店を3店舗体制にする」ことを目標としていたため、この店名にしたという。今や国内外1000店超規模の店舗を展開する企業の経営者も、はじめは1店の焼鳥屋の主人だったということだ。1990年に有限会社トリドールコーポレーションを設立、1995年に株式会社トリドールに組織変更し、2000年にセルフうどんの新業態、〈丸亀製麺〉加古川店をオープンした。

お父さんの出身地である香川県を訪ねていたとき、粟田さんはある行列に出くわす。

「その場でうどんを食べることもできる製麺所で、言ってしまえば（香川では）ごく普通の製麺所なのですが、すごい行列ができていました。お客さまはうどん店ではなく、麺を打っている横で、麺をゆでる湯気も立つ製麺所で食べることに価値を見出していることに気づかされたのです。それ以来、わが社は一貫して〝手づくり・できたて〟〝臨場感〟を最も大事にしています」と粟田社長は話す。

だから、〈丸亀製麺〉では国内全店でうどんを打っている。ちなみに麺には北海道産の小麦を使用している。一般に、外食チェーンは規模を拡大する（店舗を増やす）のに伴い、効率性アップやどの店でも同じ味を安定して提供するためにセントラルキッチンを設ける。〈丸亀製麺〉のやり方はこれに完全に逆行するものだ。「チェーンとはこうあるもの」という既成概念に捉われないやり方で成長してきたのだ。

僕が大学生だったのは1980年代のこと。大学からほど近い渋谷の宮益坂にある〈ラケル〉でオムライスをよく食べた。池袋にあった町の定食屋〈大戸屋〉にもよく行った。いずれも当初は地元の人や近隣の学生が通う人気店だったが、今では全国でその看板を見るようになった。

サービスはタダが当たり前？

欧米に旅行に行って、「チップ文化」にとまどったことがある人は多いと思う。食べた合計に10％～15％を上乗せして現金を出すか、クレジットカードの伝票にチップを含めた総計を書き込むかする。僕も初めは何％がいくらになって、それを足した総額がいくらになるかという計算をしなくてはならないのを実に面倒だと思った。日本にはこの文化がなく、えてして明朗会計だと思う。ただその半面、飲食店側は本当の意味でのサービスに対する対価をもらいにくい構造ともなっている。

日本には独自のサービス料がある。メニューに「別途、サービス料○％を頂戴します」と書いておいて、飲食の合計金額に加算するものもあれば、たいていの居酒屋で出している「お通し」、また「席料」となって会計時に加算されていることもある。それらは各飲食店が独自に設定しており、欧米のチップ同様10％程度の割合が多い。

アメリカのレストランの店員は実に愛想がいい。席に着くと、まず笑顔で自分の名前を名乗る。自分がこのテーブルの担当者であるという挨拶だ。料理を食べている最中には、度々「Everything OK?」と聞いてくる。「ここまでは順調？」「楽しんでる？」といった意味だ。社交的で仕事熱心にも映るが、実は、これはチップ文化があるからだ。

アメリカのレストランのトイレには、歯間ブラシやマウスウォッシュが並んで、手を洗い終えたタイミングでハンドタオルを差し出してくれるような店まである。トイレをピカピカにして快適性を高め、それらのアメニティを用意しているボーイさんに客は自分の満足度をチップとして払う。チップをいくらにするのかは客が決めるのだから、高い評価を得られるようにと努力しているということなのだ。逆に、同じアメリカでもチップがないファストフード店の店員は無愛想だったりする。

日本では高級レストランからファストフード店に至るまで、店員は総じて、礼儀正しく丁寧な言葉遣いでキビキビと働いている。店側は時給などでスタッフを評価することはしても、サービスの向上と対価の関係はわかりにくいと言える。

日本のサービス料には、賛否両論がある。「特別なサービスを受けたわけではない」「頼んでもいない好みでもないお通しでお金をとるのか」などといったものだ。これらの支払いを断ることはできるのか？　といった話題は時折目にする。一方で、日本にチップ文化を取り入れることはできるか？　と考えれば、それは難しいというのも現実だ。

別の業界の事例だが、人気のファッション通販サイト〈ZOZOTOWN〉が送料を0～3000円の間で客の「お気持ち」で決めてもらう実験を行ったことがある。何も選択しなければ送料は自動的に400円になるが、約4割が0円を選んだ。日本では、客側に自発的なサービス対価を期待するのは難しいということが垣間見えた例だ。

そもそも日本語では、「これはサービスです」と言うと、「それはタダです」という意味として取る。給仕に対してお金を払うということへの抵抗感があり、提供側も対価を求めないことが美徳のような文化があると思う。

ただし、ホテルを例にとると、食事のルームサービスに対して高額な料金を支払うことに不合理はなく、注文側も納得している。ホテルではOK、外食ではNGという例は、予約のドタキャンにもある。ホテルで当日キャンセルなら全額負担が常識となっているが、レストランでは躊躇もなく当日キャンセルしたり、さらには何の連絡もなく現れなかったりすること（ノーショウ）が多発している。消費者の意識として、どこか外食を軽視しているところに根本的な問題があるかもしれない。あるいは、「こちらは客なのだから何をやっても許されるはずだ」という驕りもある。しかしそれらは、マナーに反するのだ。

「ごちそうさま」の意味をもう一度、子どものころから家庭で教える「食育」が大切である。

サービス料は何のためにあるのか？

おもてなし文化を誇る日本では、サービスというのは見返りを求めないで尽くすものという風潮が根底にある。飲食店では、基本的な人件費と食材費、光熱費などがかかっていることは誰もが理解しているが、店員のサービス水準などは会社や店の経営方針の違いと捉えている。それは、おしぼりから卓上の花、上着の預かりに至るまで、料理の値段のなかに含まれていて、それを総合的にコスパとして考えるのが日本人だ。サービスのよさを値段に転嫁させるのが難しいのは、もともと日本人が勤勉であったことや、契約関係ではなく信頼関係を大切にしてきた国民性があるからだろう。

店側は、サービス水準を上げても価格は抑えてコスパをよくして客に来てもらうことを優先する。「お値段以上」とか「お値段据え置き」などの表現はその表れだ。一件当たりの売り上げは低くなっても数をこなすことで増やしていく、これが日本の労働生産性が低い原因だ。本来は、サービスを増やした分、価格を上げることでその経費を吸収すればいいのだが、そうなるとコスパが低いと言われてしまう。

労働生産性は「労働の成果」を「労働量」で割ったものだから、労働者一人当たりの生産額、または労働時間当たりの生産額ということだ。

2017年、日本の労働者一人当たりの労働生産性は世界第20位でOECD(経済開発機構）加盟35カ国のなかではかなり低い。各国比較では、製造業や不動産業などを除く日本の多くの分野の生産性が低いのだが、なかでもフードビジネスを含むサービス業の低さがしばしば指摘される。製造業の生産性向上は、ロボット化や稼働率の向上などだが、フードビジネスはおもてなしなどの人的サービスのために多くの従業員を割かなければならない。だからこそ、飲食店は値段の安さを前面に客を呼び込むことからの脱皮が求められている。店側は、おもてなしをはじめ、付加価値・サービスに対する対価を求め、消費者は価値に見合った金額を払うようになっていくことが今後の課題だ。

この課題に真正面から取り組んでいるのが、ケイコーポレーションの惠谷社長だ。フードビジネスを含むサービス産業全体の生産性や地方の中小外食企業としての活路に対して高い問題意識を抱いている。日本のサービス産業の生産性が米国の34％にとどまることを指摘した上で、「米国ではフードビジネスに携わる88％が自分の仕事に誇りを持ち、75％が一生の仕事だと考えています。しかし日本は、安売りでないと売れないというビジネスになっている。それゆえ、まわりから『そんなところで働いているの？』と言われ、プライドを持てないということにつながっています。いかにフードビジネスの生産性を高め、地位を上げるかというのは喫緊の課題です」と話す。

これは、フードビジネス経営者のおそらくほぼ全員が共感することで、フードビジネスの現状と将来において重要な視点だ。いまや32兆円規模に成長したフードビジネスは、我が国の経済を活性化していくための転換が求められている。

ケイコーポレーションが経営する〈くらしき茶寮〉では、お茶を有料にしている。日本の飲食店では、日本茶はまず無料で出されることが多い。

玉露、水仙（中国茶）、ハイビスカスティーなどを取り揃え、むしろ有料にすることによってその美味しさを意識して味わう機会にしてほしいという思いがある。これは付加価値を高めた「サービス」に対して適正な対価をいただくことへの取り組みで、惠谷社長は「コーヒーが有料なのに日本茶が無料というのは茶農家にとってもおかしなこと。日本は自国文化を安売りし過ぎている」と指摘する。言われてみれば、コーヒーは世界のどこのレストランに行っても有料だ。当然になっている無料サービスに対して、お金をもらうのは簡単なことではない。だが、店側（企業側）が「えいやっ」と覚悟を決めて問題提起をしてくれることで、消費者も気づくきっかけになる。有料のお茶を注文するとき、茶葉が栽培され、摘まれ、加工され、提供されていることに気づく。

柔軟な働き方ができる

日本はすでに15歳未満の人口割合が世界で最も低く、65歳以上の割合は世界で最も高い水準にあるが、これから8年後の2025年には、日本は5人に1人が75歳以上の後期高齢者が占める超高齢社会に突入する。このように働き手が減っていくなかで、外国人労働者をいかに取り込むかも、今後、重要な課題になってくる。

労働力が不足していることはデータ上でも明らかだ。日銀短観で従業員などの過不足感を示す「雇用人員判断指数（DI）」を見ると、ごく一部を除き、全産業的に人員不足となっている。

労働力不足の要因は、総人口と生産年齢人口の減少だ。日本の総人口は2008年の1億2808万人をピークに減少に転じ、2018年9月1日現在概算値は1億2642万人。2065年には出生や死亡の推移により約9490万人になるとの推計が出ている。総人口に占める生産年齢人口（15〜64歳）は戦後増え続け、1995年に8726万人に達したものの、その後は減少。2013年は7900万人となり、8000万人を割り込んだ。2065年には約4529万人になるとの予測がある。

日本の総人口は、終戦を迎えた1945年は約7200万人だった。だから元に戻ったと思えばよいのではないか、という考えもごく一部で聞かれる。

だが、そう簡単なものではない。

総人口が減少し続けていくというのは日本人にとって初めての経験だし、しかも世界に類をみないスピードで進む高齢化による日本社会への影響は、予測をもっても計り知れない。こうした時代を生き抜くためにまず必要なのは、先述した労働生産性の向上と、今いる限られた人口のなかで働ける人を増やすことだ。多様な戦力を活用するため、シニアや結婚・出産等で離職した女性、そして一定の資格要件を満たす外国人が働きやすくしていくことが重要となっている。

外食ではすでに、柔軟な働き方ができる環境が広がりつつある。

社員が「こんなに楽しい仕事はない」「幸せな職場」と口を揃える会社がある。〈ナポリの釜〉や〈ストロベリーコーンズ〉などのブランドで宅配ピザやレストランなどを経営するストロベリーコーンズ（仙台市）だ。

「外食が実態以上にブラック産業などと言われるものだから、店長会議などの機会に社員から労働環境について意見の吸い上げをしたら、びっくりするほど肯定的な意見ばかりだった」と、同社の宮下雅光社長は言う。次々と多様な働き方を制度化し、ワークライフバランスがよくプライベートも充実させている社員が多い同社では、決して誇張した表現ではないようだ。たとえば、勤務地と自宅が近いように人員配置に工夫をした上で、通勤には宅配用のバイクを使うことを認めている。社員は「行きも帰りも殺人的な満員電車に乗らないでいいし、通勤にかかる時間が短くて通勤の苦痛がまったくない」という声が多い。

〈ストロベリーコーンズ〉では、2017年4月からは新たな働き方を打ち出した。週休3日制の正社員制度を設けたのだ。11時オープンの30分前に出勤、23時クローズの30分後に退勤、休憩は2時間取る。これで4日働くと、連続して3日間の休みとなる。会社員でも朝8時に出勤して午後9時に退勤すれば同じ勤務時間だが、通勤ラッシュに揉まれるのか揉まれないのかの違いは大きいだろう。週休3日制の働き方を活用している社員は、2泊3日の旅行に行ったり、資格試験の学校に通ったり、趣味に時間を使ったりしている人が多い。このリズムから別の働き方に変更したいと思えば、週休2日制にしたり変形労働時間制を選択したりすることもできる。変形労働時間制は、1ヵ月単位で法定の労働時間を越えない範囲で、たとえば今日は4時間、明日は10時間、明後日は7時間などと勤務時間を任意に組み合わせる働き方だ。同社は副業も認めるようにした。すでに中小企業診断士の資格を持つ社員が、休日に相談業務を受ける副業をしているという。こうした同社の働き方改革の反響は大きく、求人情報には多くの問い合わせが相次いでいる。

居酒屋〈甘太郎〉や焼き肉〈牛角〉などを展開するコロワイド（横浜市）は2017年6月、1週間の労働時間が最低20時間から社員になれる「限定社員制度」を導入した。これまでは週40時間以上の勤務が必要だったたが、多様な働き方ができるようにした。働く店舗も、通勤可能な範囲から選ぶことができる。勤務時間の制約からアルバイトとして働いていた人も、こうした制度を利用して正社員として働けば、福利厚生や賞与を得ることもでき、キャリアアップを目指すことが可能となる。

三ッ星レストランシステムの各店舗での働き方も多様だ。育児や介護などの理由から週3時間だけ働く人もいれば、店舗の閉店時の清掃（2時間）だけのパート、子どものお迎えで仕事を中抜けする働き方もある。さらにパート、アルバイトに定年はなく、70歳台で月25万円あまり稼ぐ人もいるという。地方都市の方が都心部に比べて職住近接ということもあり、育児も介護も含めた日常生活と両立しながら働ける環境を作っている。

企業側が働く人それぞれの事情に柔軟に対応した働き方を制度化しているのは、フードビジネスの特徴でもある。単に労働力の減少を補うという必要性からだけではなく、

外食ではパート労働者不足が深刻

産業別のパートタイム労働者不足判断

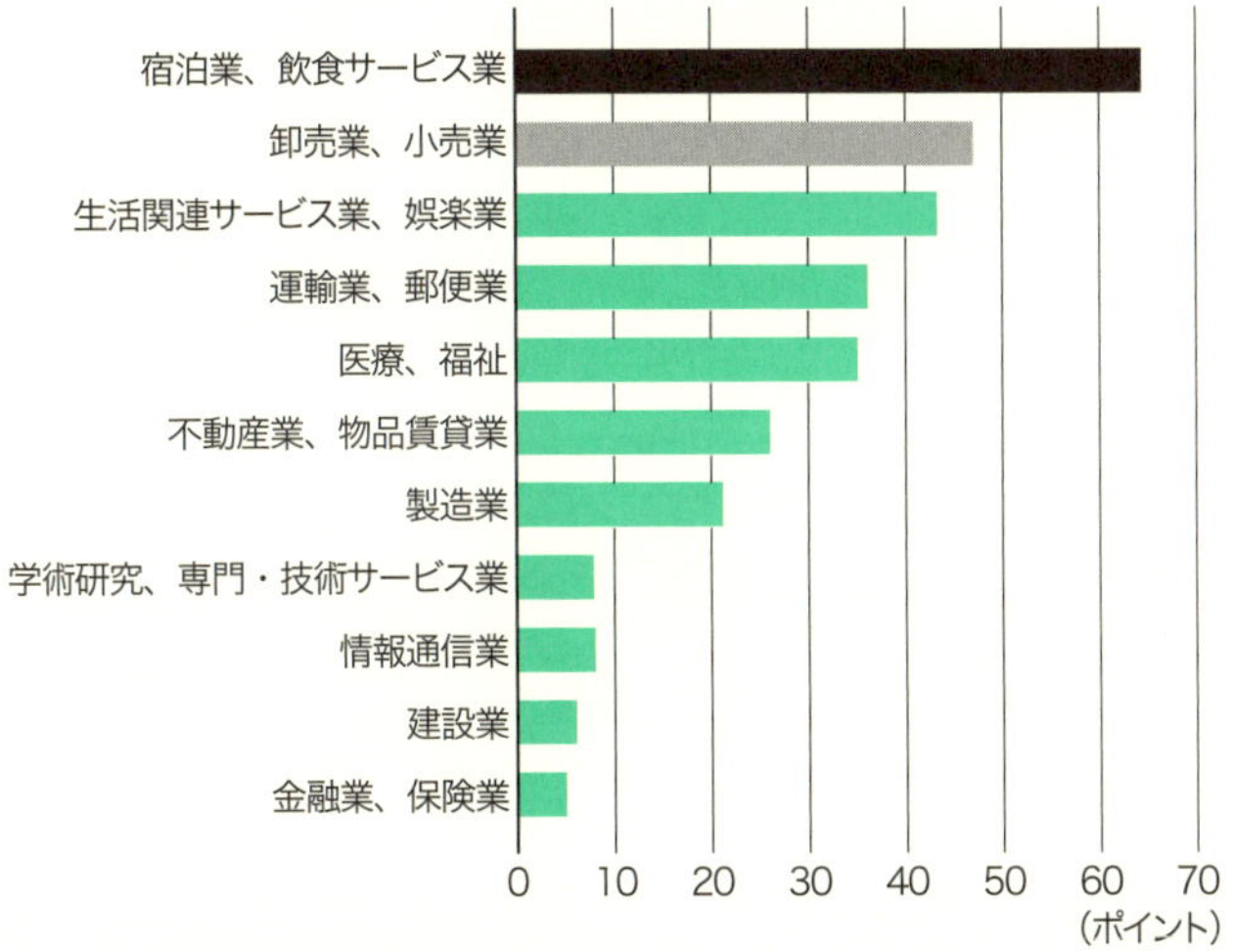

（2016年　厚生労働省「労働経済動向調査」より）

社員も会社も同じ地域社会での営みという仲間意識の土壌があるからだ。フードビジネスが地域に根差した業態だからこそ、さまざまな生活背景を持つ人たちが互いに理解し合いながら異なる働き方で働くことが十分可能で、それは少子化や介護などの我が国の課題の解決に繋がる効果をもたらす可能性が高いということでもある。

多様な戦力を活用する外食は、日本の将来の試金石

外国人労働者にも期待がかかる。

外国人労働者の活用は、厳格な制度の下に積極的に進めていかなければならない時代になっている。法務省によると、在留外国人数（短期滞在等を除く）は2017年末現在で256万1848人。現在の統計手法に移行した2012年末（203万3656人）から約26％増えた。厚生労働省によると、日本で働く外国人の労働者数は平成19年に事業主による届出が義務化されて以来、右肩上がりで増加してきた。平成29年10月末現在の外国人労働者数は127万8670人と前年同期から18・0％も増加し、過去最高を更新。外国人を雇用する事業所の数も19万4595カ所（同12・6％増）と過去最高となった。

僕自身、ファストフードやコンビニ、ホテルで外国人従業員に出会う機会が多くなり、増えていることを実感している。出身国籍は中国（香港等を含む）が29・1％と最多で、ベトナムが18・8％、フィリピンが11・5％、ブラジル9・2％、G7／8＋オーストラリア＋ニュージーランド5・8％、ネパール5・4％、韓国4・4％、ペルー2・2％、その他が13・7％とさまざまな国・地域から来ている。産業別では製造業が22・2％と最も多く、卸売業・小売業が17・1％、宿泊業・飲食サービス業が14・3％、情報通信業4・8%、建設業8・6%、教育・学習支援業3・0%、他に分類されないサービス業が8・0%、その他が22・1%となっている。

日本は、公式には単純労働での外国人の受け入れを行っていない。在留資格の内訳は、永住者や日本人の配偶者、永住者等の配偶者、定住者を指す「身分に基づく在留資格」が最多の35・9%で、次いで留学などの「資格外活動」が23・2%と多い。「技能実習」が20・2%、学術や医療、経営などの「専門的・技術的分野の在留資格」が18・6%と続く。

「技能実習」は途上国の労働者が日本で働きながら技術を習得するもので、農業や漁業、建設、縫製業などで行われており、実習生の数は年々増えている。だが、低賃金で労働力を不当に搾取しているケースもあり、法務省によると、各地の入国管理局が平成29年に外国人の研修・技能実習において「不正行為」があったと通知した実習受け入れ機関は2―3カ所あった。内訳は「賃金等の不払い」が139件と最多で、「偽変造文書等の行使・提供」が73件、「労働関係法令違反」が24件だった（1機関で複数の不正があったケースもある）。

また、実習生が日本で失踪するケースも相次いでいて、平成29年の行方不明者数は7

089人に上った。報道によるとこうした不明者は犯罪に巻き込まれたり、自身が加害者となったりするケースもある。

外国人労働者と移民とは全く違う。僕は移民の受け入れには断固反対してきた。日本の慣習や日本語がわからない移民が増えれば、日本のアイデンティティが失われ、社会不安になるおそれがあるからだ。だが、先述した通り労働力が不足しているなかでは質の高い外国人労働者を受け入れることは積極的に行っていくべきだと考えている。そして、労働的にも慣習的にも日本に十分馴染み、不良行為がない外国人には永住権を認めるという制度を作っていいのではないかと考えている。日本を愛し日本人と一緒に日本を支えていく外国人は歓迎していこうということだ。

経営コンサルタントの大前研一氏は、日本版グリーンカードを提唱していて、僕はこれに共感し、このように考えている。まず、日本語が理解できて日本に関する高い知識を持つ外国人労働者に入国してもらう。入国後、その知識や能力などを日本の厳格な基準で確認してから信頼できる組織や施設などで5年ほど働いてもらい、「卒業試験」の合格者に永住権を認めるというものだ。こうした制度は、日本にとって労働力という観点に加えて、活気ある日本社会を作っていくという観点からも重要ではないかと考えている。ただし、帰化する要件は別に厳しくするべきだ。

ここにきて政府はようやく、重い腰を上げ始めた。外国人労働者の受け入れを拡大する方針を盛り込んだ経済財政運営の基本方針が2018年6月、閣議決定された。人手不足が深刻な5業種（建設、農業、介護、造船、宿泊）を対象に、2019年4月までに、最長5年となる新たな在留資格を設ける。2025年頃までに50万人超の受け入れを想定している。もっとも、日本が外国人労働者から選ばれる国にならなくては意味がなく、関連した各種環境を整備していく必要があるだろう。

しかし、ホテルが認められてフードビジネスが認められないことは理解できない。日本語で直接、お客さまと接する飲食店での労働は、日本語の上達にもつながり、日本人と外国人の相互理解にも役立つ。フードビジネスにおける労働力不足は深刻であり、2020年の東京オリンピック・パラリンピックに向けた訪日観光客の激増を考えても真っ先にリストに入れるべきである。

在留資格別に見た外国人労働者の推移

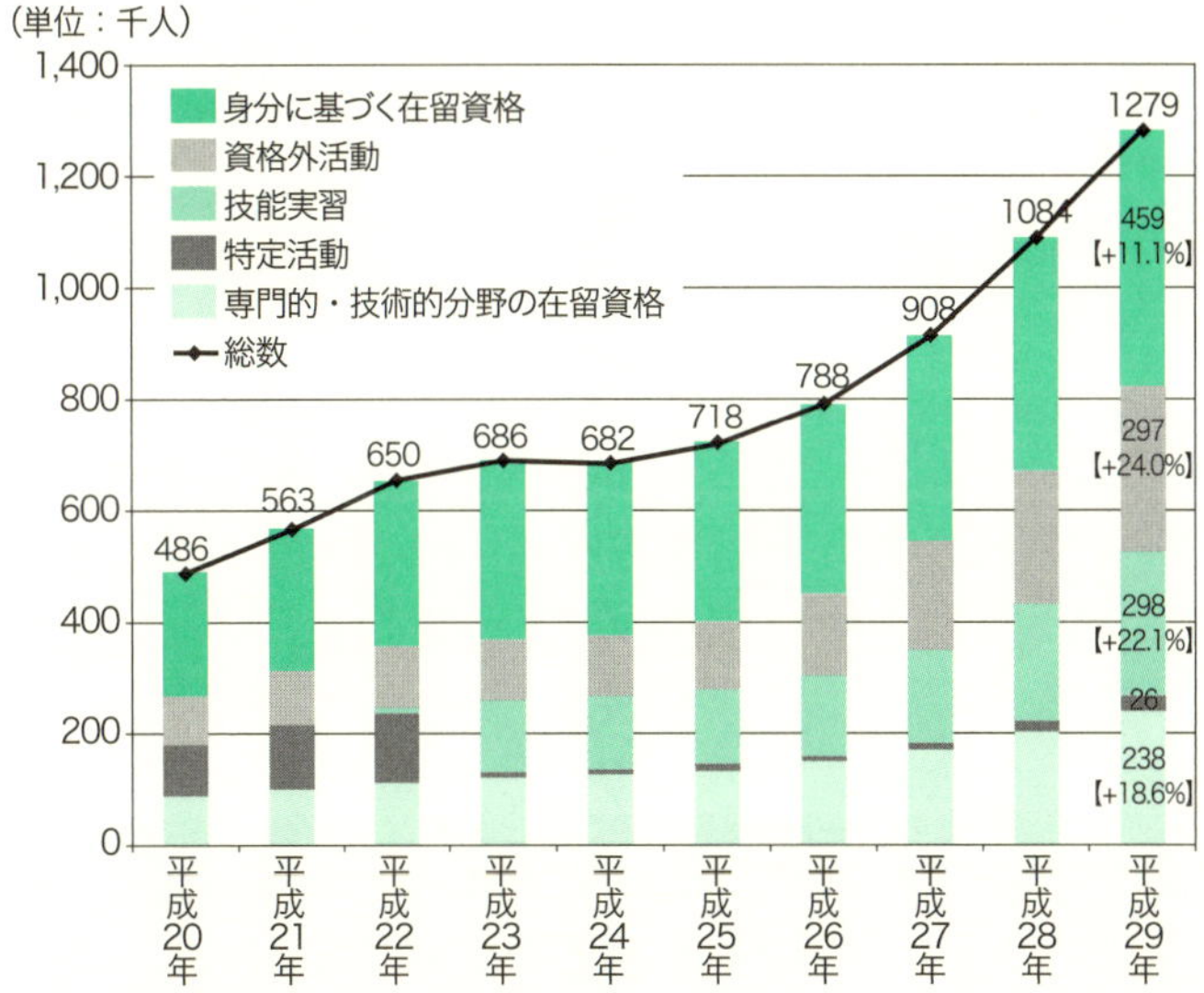

注1：【 】内は、前年同期比を示している。
注2：「専門的・技術的分野の在留資格」とは、就労目的で在留が認められるものであり、経営者、技術者、研究者、外国料理の調理士等が該当する。
注3：「身分に基づく在留資格」とは、我が国において有する身分又は地位に基づくものであり、永住者、日系人等が該当する。
注4：「特定活動」とは、法務大臣が個々の外国人について特に指定する活動を行うもの。
注5：「資格外活動」とは、本来の在留目的である活動以外に就労活動を行うもの（原則週28時間以内）であり、留学生のアルバイト等が該当する。
注6：平成 22 年 7 月の入管法改正により在留資格「技能実習」を新設。（以前は「特定活動」）
注7：身分に基づく在留資格には、「永住者」、「日本人の配偶者等」、「永住者の配偶者等」、「定住者」の4種類があり、活動に制限がないのが特長で、基本的にどのような職種に就くこともできる。

（2017 年　厚生労働省「外国人雇用状況」の届け出状況まとめ　より）

外国人労働者の健全な受け入れ産業

外国人の「技能実習」には、受け入れ側である日本企業による不正行為や、実習生が行方不明になるなどさまざまな問題が浮上している。中途半端な研修制度ではなく、雇用者側にとっても働く外国人側にとっても明瞭な制度の下で厳格にルールを適用した「雇用」にしていく必要がある。

そうしたなか、外国人労働力を会社側、従業員側にとってウィンウィンの関係で活用している例がある。

六本木や吉祥寺、池袋などで計14店のタイ料理店を展開しているSUU・SUU・CHAI-YOO（スースーチャイヨー）という一風変わった名前の企業がある。

2017年10月時点で、全店の調理人は全員がタイ人、全従業員182人のうち65・9％が外国人だ。内訳はまず正社員60人のうちキッチンスタッフ38人全員がタイ人で、ホールスタッフは22人中8人がタイ人、1人が韓国人。そしてアルバイト101人のうち、キッチンスタッフ6人全員がタイ人で、ホールスタッフ95人中67人がタイ人となっている。もちろん、全員、日本の法律に基づいて雇用していることは言うまでもない。

同社は元外務省職員の川口洋氏が2004年に立ち上げた。ユニークな社名は、タイ語で「頑張れ！　頑張れ！」を意味する「スースー」に、「バンザイ！」を意味する

「チャイヨー」を組み合わせた造語だ。川口氏は、外務省に入省後、専門のアラビア語を活かしてシリアやオマーンの日本大使館に勤務するなかで、タイ料理の魅力にすっかり取り憑かれて起業した。

労働力が減少する日本において、先にも述べたように外国人労働力の活用は重要な課題だ。タイ料理店で、従業員同士でタイ語が飛び交い、タイ人の料理人が鍋を振るからこそ、客にとって本場の雰囲気と味を体験できるという効果もある。だが、それは単に労働力確保と演出ではない。同社はタイ文化を日本に広めるという川口氏の志から出発しているので、日本社会でタイ人を中心とする外国人が慣れ親しんでいくための社会的地位をしっかりと用意している。

国籍別・外国人労働者の割合

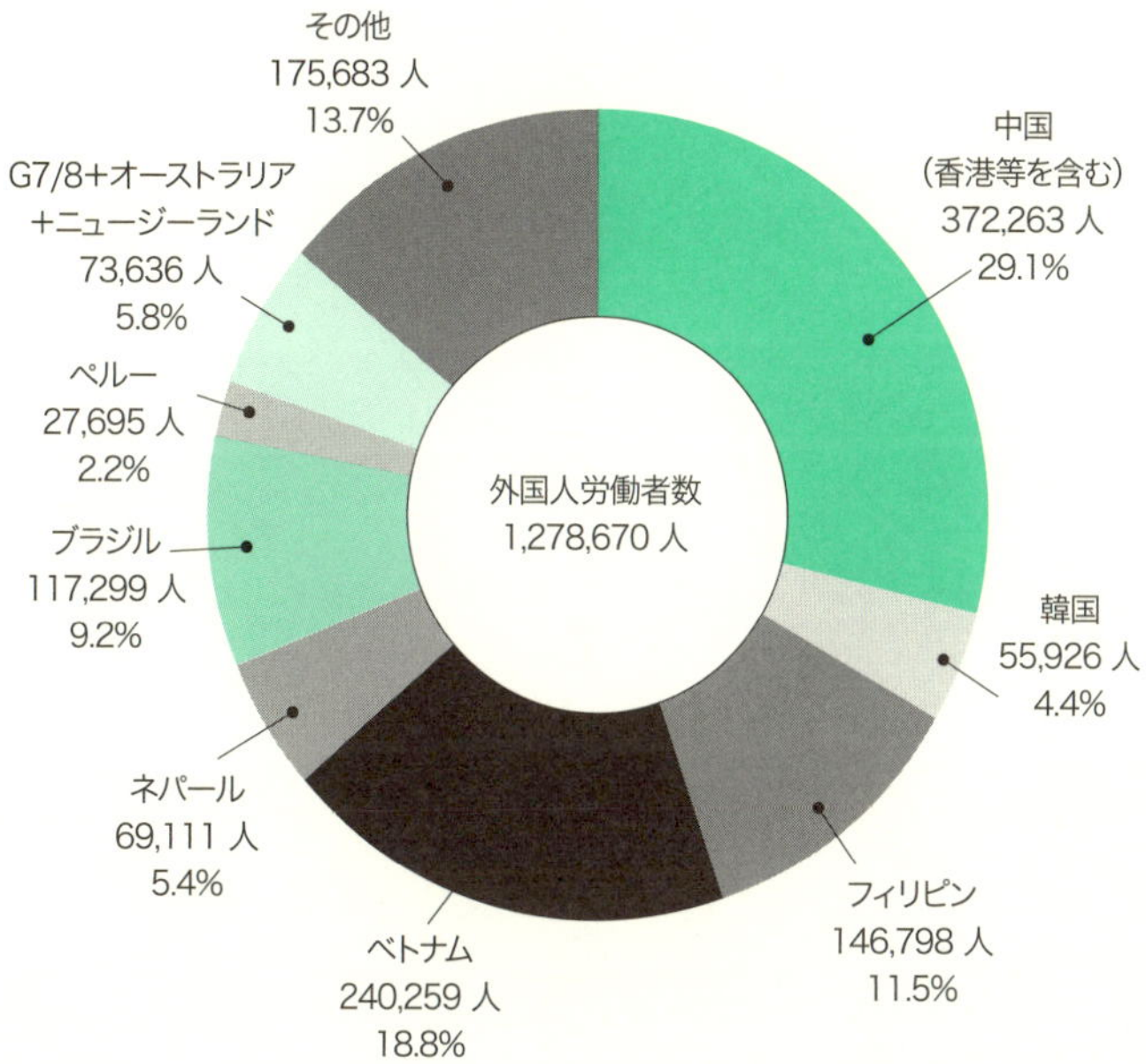

（2017 年　厚生労働省「外国人雇用状況」の届け出状況まとめ　より）

多様性ある日本社会のために外食ができること

タイ人が技能ビザを得て日本で調理人として働くには自国で5年間の経験が必要になるが、スースーチャイヨーはタイ人コックの実際の技能を見極めると同時に自国で調理師免許を取得した証明書の提出を義務づけ、ビザ取得に問題が起こらないように徹底した注意を払っている。来日したタイ人は会社の寮に1人1部屋で住むことができ、家賃と光熱費の全額を実質会社が負担する。年1回は会社負担で故郷へ帰ることもできる。キッチンスタッフは調理の腕前重視で日本語の能力はさほど問題としないため、自治体の各種手続きや体調を崩して病院に行く際はもちろん、「部屋のエアコンが壊れた」といったトラブルにも、同社本部の社員がすぐに駆けつけて対応し、日本で生活する不便さがないようにしている。

来日するタイ人にとって最大の関心事は給与だが、同社の給与は手取りで月20万円ほど。これはタイのホテルで働いた場合の給与、月約3万バーツ(約10万円※1バーツ約3・5円で計算)と比べると格段に高い。同社は本部社員よりもキッチンスタッフを含む店舗社員の方が、給与体系が高く設計されている。さらに同社は、現状で1ヵ月当たり6日の休日を、年度内に8日に増やそうとしている。こうした同社の厚遇はタイ人ネットワークで広まり、就職希望者に雇用枠が追いつかず、順番待ちの状態になっている。

同社は2017年初めに本場タイにバンコク支店をオープンした。日本のタイ料理店がタイに支店を出すというなんとも不思議な話だが、バンコクに支店があれば、若手の調理人はここで研修しながら順番待ちができる。

また、日本で働くキッチンスタッフのなかには、親族に何かあったり、将来故郷に戻って働きたいと思っている人もいたりする。そうした人にとってバンコク支店は、故郷において慣れた職場で働き続けられる場所となる。すなわち、その目的は「研修」と「Uターン」の場だ。

ホールスタッフには、タイから日本へ学びに来ている留学生が多い。彼らは日本語も話せるし、キッチンスタッフと日本人店長の通訳という役割も果たしている。彼らにとって店は日本語を学びつつ働ける場であるだけでなく、同胞と故郷の言葉で会話し、故郷の懐かしい料理を食べられる「家」のような場所になっている。実際彼らは、従業員割引で勤務日以外の日でも店に来て食事をすることが多い。

また同社は、内部留保を厚くしている。上場企業ならば株主から批判が来そうだが、同社は想定外を想定している。きっかけは、2011年の東日本大震災だった。外国人従業員は都内でも大きく揺れた地震に驚いたうえ、福島第一原発事故を報じるニュースはよく理解できないから余計に恐怖を感じ、会社は大丈夫なのか、自分たちは大丈夫なのかと不安を抱いた。そんな外国人従業員を目の当たりにして、たとえ自然災害で店舗の営業が停止したとしても、数年はきちんと給与を支払える状態にしたいと考えたという。

留学生はいずれ帰国してしまうが、日本で働いた経験が、とてもよいものだったと思えれば、将来、親日的なタイ人を増やすことになる。10年以上日本に住み、就労ビザを取得してしっかりとした労働環境で5年以上働けば、日本の永住権を手にすることもでき（例外はあるが）、まさに日本を愛する善良なる永住者を増やすことにもなる。それは、日本の人口減、生産労働人口減という課題にとって、望ましい政策オプションの一つではないだろうか。

法務省の調査によれば、現在の技能研修制度の下、悪辣な研修環境などで脱走し、失踪者扱いとなった外国人技能実習生は2017年には7089人に上る。彼らは日本人と日本社会に対して悪感情を抱いているに違いない。スースーチャイヨーのような外国人雇用のあり方をもっと広げていくべきではないだろうか。

従業員満足度が高いお店とは？

人口減に伴って労働力が減少するなか、日本の活性化を目指すのも大事だが、日本のような成熟社会では生活の質を上げることも重要だ。だが、望んでいない非正規労働や、いわゆる「派遣切り」といった問題が特に若年層から中年層の間で依然深刻なままなのが現実だ。

その課題に取り組んでいるのが、東京を中心に、牛たん・とろろ・麦めしの店〈ねぎし〉を展開する「ねぎしフードサービス」の根岸榮治社長だ。「人件費」というのは確かに企業の経費において大きな割合を占めるが、「コスト」にするか「財産」にするかは経営トップ次第だと考えさせられる。

新宿エリアでの9店舗をはじめ、都内や横浜市内に計39店舗、他に豚肉料理店1店舗を展開する牛たんのねぎしには本社がない。登記上の本社は新宿区だが、それは他の企業でいう「サポートオフィス」という位置づけで、本社ビルではなく雑居ビルのワンフロアに過ぎない。「重要なのは店舗で働く店長をはじめとする従業員で、会社幹部や事務部門は現場が働きやすいようにサポートをするのが役割」という創業者である根岸榮治社長の考えに基づいている。ねぎしでは「人事部」は「人財共育部」という。「人材」ではなく「人財」、「教育」ではなく「共育」としているのには理由がある。共に学び、共に築き、共に進もう。そして、共に幸せになろう――と謳った「共にの誓い」を従業員全員が、まさに「共有」しているのだ。

働く人が満足できていなければお客さまに満足してもらうことはできないし会社の経営も成り立たない。だから、従業員を何よりも大切な財産と考え、一方的な教育ではなく、社員同士が自らを成長させた結果、会社を成長させていくことを意図している。

ねぎしは、〝逆ピラミッド型〟の組織構造になっている。

一番上にくるのは「顧客」、その下からアルバイトなどのスタッフ、社員スタッフ、店長、マネージャーと続き、一番下にくるのが「社長」だ。社内はすべて「さん」づけで呼び合い、店長が集まる店長会議の進行は店長が行う。毎年の売上高目標を決めるのも店長で、各店の店長が決めた目標の合計をその年の同社の売上高目標とする。ならば、社長の役割は何かと問いたくなるが、社長は常に会社のリスク管理をし、従業員が現場で働きやすいよう考え実践するということになる。言葉遊び的な呼び方は他の業界や会社にも事例を見つけることができるが、〈ねぎし〉ではそのネーミングや組織図に込めた意味を見事に実践している。従業員アンケートの情報はすぐに検討され、改善策として具体化されて従業員満足度を高める。こうした取り組みが高く評価され、同社は20

11年度の「日本経営品質賞」を受賞した。

71億1600万円（2016年度）を売り上げる同社の従業員数は、正社員とアルバイトの総計で1500人だ。飲食業界ではアルバイトの約70％が1年未満に離職するとされるなか、同社のアルバイトの離職率は約30％とずば抜けて低い。近年は外国人アルバイトも増え、アルバイトの約19％を占めるが、その外国人従業員の定着率もよい。一人当たり3時間と研修時間をかけ、〈ねぎし〉の理念を理解してもらい、頑張った分は時給がきちんと上がる仕組みにしていることが奏功している。

その上で、〈ねぎし〉の経営目的は明確だ。1に働く仲間の幸せ、2に「とろろ文化」と日本の農業に貢献、3においしい味づくりで楽しい街づくりとある。

牛たんにとろろを合わせたのは、〈ねぎし〉が発祥と胸を張るだけあり、毎年、従業員と共に千葉県にある多古町のとろろ収穫祭に参加したり、福島県会津に田植え体験と稲刈りに出かけたり、新宿年末クリーン作戦に参加したりと、チームワークを高めながらの社会貢献、農業貢献のイベントも欠かさない。人を成長させることが、会社を成長させるというシンプルな正論。その理念が、従業員一人一人に、「自分は上から信頼されているのだ」という自信を持たせている。

短期的な利益、無理な成長を目指さない

〈ねぎし〉の店舗はみな、新宿の「サポートオフィス」から電車を使って50分で行ける範囲にある。店で何かあれば、50分で駆けつけられる環境にしているということだ。トラブル時に駆けつけることはもちろんのこと、店員や備品が足りなくなったというような場合でもすぐに近隣店舗などから応援に駆けつける。国内はもちろん、海外からも出店してほしいと多くの誘いがあるが、こうした体制が叶わないのですべて断っているという。

店長は現場で多岐にわたる業務と向き合うなかで孤独になりやすいため、店舗同士、仲間同士で助け合えることが大切になってくる。たとえば、従業員の急な過不足が発生しても近くの店舗間ですぐに対応したり、人事異動があっても引越しを伴わなくて済んだりということになる。すべては、店長をはじめ現場で働く従業員のためで、従業員同士が頻繁に顔を合わせて運営について話し合い、悩みがあれば相談しやすい環境を作っている。

〈ねぎし〉は経営理念の根底にあるものとして、「思い8割・スキル2割」という言葉を用いている。

どんなに優れたスキルがあっても、そこに思い（食事を提供するスタッフの気持ちや心のこと）がないと、お客さまの本当の喜びや満足にはつながらない。同じ味で同じ価格のメニューを同じ環境で提供されたとしても、お客さまに喜んでもらいたいと思っているスタッフが提供するものと、そうでない人が提供するものとでは、美味しさが違ってくるという考え方だ。そして、スキルというものは、思いがあって初めて、100％活きてくるという。こうした思いを共有するためにも、従業員同士のコミュニケーションを潤滑に行うことは必須なのだ。

出身地の福島県で飲食業の世界に飛び込み、東京に進出し、歌舞伎町に最初の店となる〈ねぎし〉を1981年にオープンした根岸社長は、かつての自分を、利益至上主義だったと振り返る。淘汰が激しい東京で、ひたすら売上拡大を目指し、従業員にもそれを求めた。だがあるとき、ある店舗の店長が辞めた。店長一人の退職なら珍しいことではないが、元店長は店舗の従業員をみな引き連れ、店からほど近い場所に彼らの店舗を構えたのだ。

このとき初めて、根岸社長は会社のやり方に現場がついていけず不満が膨らんでいたことに気づかされ、そこから自身の徹底的な意識改革を始めて今に至ったのだという。会社の一方的な売り上げ目標に従業員が従わされるのでは人がいなくなるのは当然で、会社は従業員が幸せな人生を送るために存在するようにと考えた。そうした理念で会社の制度設計と運営を再構築した結果、従業員は自らの人生をより豊かにするために共通の基盤である会社のことを我が事として考えるようになった。

岡山のケイコーポレーションも、運営する店舗は物販店を除いて18店舗すべてが本部から車で40分以内にある。他の中国地方や近畿への進出はおろか、本部から40分圏内を出る予定は今後もない。惠谷社長は、「外食産業は人が大事。この事業を支えるのは、お客さまであり、そしてスタッフの一人一人。自らの事業欲だけに没頭し、もっとも大切な『人への思い』を置き去りにしては、かならずやどこかに歪みが生じてしまう」と言う。そして、利益ばかりを追求しても誰も幸せにはなれないという理念から、「会社を大きくする必要はない」と話す。むしろ出店した店舗で〝筋肉質〟な運営を行い、利用客や従業員の満足度を高めることによる企業の質的成長を志している。惠谷社長は、社員の誕生日には手書きのバースデーカードを書き、社員の配偶者の誕生日には花を贈ることをかかさない。それができる規模を心得ているということだろう。

苦境のときこそ従業員を大切にする

東京都新宿区に本社を置くワンダーテーブルは、米ロサンゼルス（LA）に本店があるローストビーフ店〈ロウリーズ・ザ・プライムリブ〉やブラジル料理の〈バルバッコア〉、イタリアンの〈オービカ モッツァレラバー〉、バー・ワインバルの〈YONA YONA BEER WORKS〉、しゃぶしゃぶの〈モーモーパラダイス〉や〈鍋ぞう〉などを、首都圏を中心にして計53店舗運営している。さまざまなジャンルのレストラン作りに成功している同社だが、業績悪化や上場廃止といった困難を乗り越えた過去を持つ。

同社はもともと、1946年に戦後の食糧難に対処する三井船舶の水産部門「協同水産」として発足した。49年に東証二部に上場し、51年に社名を「協同海運」として本格的に海運業に転進。53年に社名は「富士汽船」となり、91年にヒューマックスグループの系列会社となった。同年、レストランやホテルの経営など新規事業に乗り出すことを決め、1994年に飲食部門の1号店をオープン。同年には〈バルバッコア〉と業務提携契約を結び、以降、外食企業として頭角を現していった。だが、2008年秋のリーマン・ショックで大きな打撃を受ける。

同社は同年11月に〈オービカ モッツァレラバー〉の日本1号店を都内・六本木にオ

ープンすべく準備を進めていた。店舗は予定通りオープン、従業員の準備も万端に整えたものの、肝心の客が来ない。同社は「今は耐えどき」（秋元巳智雄《みちお》社長）と店舗の維持を決めたものの、約100坪の大型店だったたけに業績に与える影響は大きかった。

2010年、同社は上場廃止を決め、経営戦略の見直しに着手した。その結果行ったのは店舗とブランドの整理で、75あった店舗のうち収益性の低い店を閉店、ブランドも23から14に絞り、残った店舗の質を高めることに注力した。その結果、売上高は75店舗あったときが年間113億円だったのに対し、53店舗の現在は125億円と増収を実現している。

この増収を実現したカギは、業績が大幅に悪化した時期でも従業員を一人も切らなかったことだ。もっとも、地元でアルバイトしていた従業員は店舗閉店と共に辞める人や近隣店舗に移る人もいたが、閉店する店舗の店長や支配人、調理師などはみな残った店舗でポストを作った。

当時、秋元社長は人とブランドを磨いて世界で戦える会社になることを目標とした。1店舗当たりの売上高を上げれば、頑張った従業員により多くの給料を払える。大事なのはポストではなく、頑張ったことが報われる会社であることだと考えた。店舗の減少によって降格となった人もいたが、会社側の思いが伝わったのだろう、自ら退職する従業員もほとんどなく、同社は2011年に過去最高益を更新した。同社の従業員数は維持されただけでなく、以前の約190人から現在は約270人に増えており、1店舗に対する力の入れ方が相当高いことが伺える。

同社は従業員を大事にすることを重視し、従業員には「自分を大事にすること」や「家族に感謝すること」を大事にするよう訴えかけている。秋元社長は「自分を大事にして高いモチベーションを持つことで、仲間を大事にできる」と、その理由を説明する。大きな会社を目指すのではなく、人とブランドを大事にしたことで、強い会社になった好例だと言える。

苦境のときに新たな道を切り開く

すき焼きやしゃぶしゃぶで有名な柿安本店も、従業員を大切にしながらピンチを切り抜けてきた企業の一つだ。1871年の創業以来、牛肉を主力に精肉や飲食を手がけてきた同社も、2001年のBSE（牛海綿状脳症）問題の発生で大きな打撃を受けた。精肉販売が急減、名物「牛肉しぐれ煮」の売れ行きも悪くなり、翌年の9月期決算では上場以来初の赤字を計上した。

だが6代目となる赤塚保正社長は、「組織を支えるのはいつの時代も『人財』だ」と、一切従業員の首を切らなかった。人を減らす代わりに考えたのが、総菜など新事業の拡大だった。2002年には和菓子店〈柿次郎〉、路面総菜店〈おかずや〉、2003年にビュッフェレストラン〈三尺三寸箸〉、2005年には和菓子店〈口福堂〉などを相次ぎオープンし、従業員の働く場を確保した。

一丸となってピンチを乗り越え、新たな事業に挑戦してきた経験は、現在にも生かされている。2017年には市場が拡大しているショッピングセンターのフードコートに向けた新業態の店舗〈柿安Meat Express〉をオープン。2018年2月期は売上高439億5700万円、最終利益16億7100万円と共に過去最高を更新した。同月末の従業員数は社員、パート、アルバイトで3507人に上る。

求人しなくても応募してくる企業って？

外食ほど外から見える産業はない。

仮にある外食企業に就職する場合、入社する前から現場の労働環境、社員の働き具合、その表情を見ることができる。そこでアルバイトをした経験があればなおさら、自分の価値観や将来像と照らし合わせた上で、仕事を決めることができる。高校生も大学生も就職活動をするが（インターンも）、そこまで「中身」を知って就職しているだろうか。表面的な情報や、イメージが中心で会社選びをしている人は少なくないはずだ。スマートフォンにせよ、洋服にせよ、消費者が直接品物を手に取ることができても、その製造プロセスや働き手の姿は一部しか見ることはできない。その意味で、外食産業ほど透明性の高い産業分野はない。

牛たんの〈ねぎし〉は、来店客がアルバイトに応募してくることが多いという。同社はもともと来店客のリピート率が約7割と高い。「美味しい牛たんを多くの人に知ってもらいたい」というねぎしファンになる。そして、従業員満足度が高いねぎしの店員の丁寧な接客サービスに接して、その一員になるべく応募してくるのだ。

北海道の三ッ星レストランシステムでは、親子2代にわたり働いている人が何組もいる。自分が働いてみていい職場でなければ、当たり前だが親は子どもが働くことに反対するだろう。

店側にとっても、これほど有難いことはない。小売業、サービス業ではアルバイトを雇うものの、ミスマッチからか短期間で辞めてしまう人も少なくない。企業側にとっては人材募集にかける費用、育成のための時間的、金銭的コストが無駄になってしまう。不満を抱えたまま辞めた人にとっては、ネガティブな思い出となるかもしれない。その点、自分たちの店をよく理解してくれ、同じ理念を共有して働けるというのは、雇用後のミスマッチを最大限に防ぐことにつながる。

逆に言えば、どんなに料理が美味しい店であっても従業員の雰囲気が悪ければ、そこで働きたいとは思わない。フードビジネスには常に〝査定〟されているという緊張感があるのだ。

社会人としての
マナー
人生経験
自分の
成長
仕事
経験

人を育てる！「外食の可能性」

2018年4月、立命館大学に新たな学部「食マネジメント学部」が誕生した。「食」を総合的に教育する学部としては日本初だ。経済学、経営学を基盤に、「マネジメント」、「カルチャー」、「テクノロジー」の3つの領域から学び、食に関わる課題を総合的に捉えて解決する高度人材の育成を目指すという。

「マネジメント」ではグローバル化する「食」の仕組みや地域の役割を理解し、社会にとって最適な政策や食にかかわる組織・企業の経営技法を学び、「カルチャー」では食を文化的、歴史的、地理的な視点から見て多様性を理解し、「テクノロジー」では官能評価学や認知科学、栄養学、調理科学から「安全においしく食べること」などを学ぶ。

具体的な科目を挙げると、1年次の科目には「食科学入門」や「経済学入門」、「経営学入門」、「統計学入門」、「食科学のための史資料論」、「総合講義（世界の食と経済）」などがあり、2年次には「行動科学」、「経営組織論」、「食の安全」、「食の歴史学」、「おいしさの調理学」、3、4年次には「ファイナンス」、「食品開発」、「美食ビジネス」、「フードデザインマネジメント論」、「食と民族」、「食事機能科学」、「総合講義（起業、食とジャーナリズム）」などがあり、学べる範囲が多岐にわたっていることがわかる。語学も重視しており、英語に加えてフランス語やイタリア語などから第2外国語を選んで学ぶ。卒業時には食マネジメントの学士を取得でき、同大では進路先に外食企業や食品メーカー、流通業などでの製品開発やゼネラルマネジャー、フードプロデューサー、ジャーナリスト、イノベーター、マーケターなどを想定している。

同学部設置委員会事務局長として尽力した井澤裕司教授によると、同大学で学部新設の話が持ち上がったのは、今から6年ほど前のこと。井澤教授は「学部を新設するなら『食』しかないと考えた」という。

世界の食関連産業の市場規模は少なく見積もって約700兆円、広い意味では2000兆円を超えていると考えられる。我が国の経済を考えてみても、今や、ものづくりが日本の中核とは言えなくなっている。国内総生産（GDP）の約7割はサービス業であり、そこに占めるフードビジネスの存在も大きい。高等教育機関は、依然としてものづくりのための工学部はあっても、食に対する学部はないままで、食分野での高度職業人養成の社会的要請にこたえているとは言えない。子どもたちに「将来何になりたい？」と訊けば、「ケーキ屋さん」「パン屋さん」と返ってきて、小さい頃は親もそれを微笑ましく思っても、キャリアパスとしての「食」が認知されてはこなかった。

「海外留学生がファイナンスなどを学ぼうとしたら、まず米国、欧州を選ぶ。だが、

『食』であれば日本で学びたいというニーズは高い。それなのに、今まで留学生の受け皿がなかった。海外には食を学問とするガストロノミー（gastronomy「美食学」と訳されることもある）があり、日本にこれまでなかったのが不思議だ。明らかに我々は後れをとっている」と井澤教授は話す。

確かにその通りだ。2013年、和食はユネスコの無形文化遺産に登録された。これは、料理そのものが登録されたわけではない。「自然を尊ぶ」という日本人の気質に基づいた「食」に関する「習わし」が、「和食：日本人の伝統的な食文化」と題して、登録されたのだ。世界各国には寿司店やラーメン店といったものだけなく、居酒屋や「Japanese Cuisine」といったお店も多くなり、和食文化そのものが広がりをみせている。

海外からこれほど注目されている日本の食文化。しかし、日本の高等教育機関では、農業大学や栄養大学などで断片的に専門家を育成はしてきたものの、もっと体系的に「食」を一つの学問として捉えるという意識はなかったのだ。

「食」はあらゆる学問とつながっている

日本初の「食」に関する学部の新設への道のりは険しかった。当初は立命館大学内の理解を得るのも容易ではなかったという。文部科学省への設置の届出も2度保留され、3度目で認可された。学部新設が保留されたのは、明治2年創立の立命館大学にとって初めての不名誉だったが、「食」を学問として学ぶことの重要性について、文部科学省の認識も希薄だったはずだ。

シラバス（年間を通じての講義計画や内容）を見ると、経済学と経営学を基盤とすること、歴史や農業、地域など食と関わる広い分野の学科を設けることに加えて、食がどの分野においても世界とつながっていることから、外国語をしっかり学ぶこと、将来どんな分野に進んでも必要な情報を収集・分析する力を身につけることなどが重視されている。また、同学部ではフランス・パリにあるガストロノミーとホスピタリティマネジメントの世界的教育機関ル・コルドン・ブルーとの提携プログラムがあり、国際的に通用する修了資格を取得することもできるという。

少子高齢化で大学が学生を取り合う状況ともなるなかで、新設の食マネジメント学部を、果たして学生側は選ぶのか。蓋を開けてみると、第1期生の入試では、320名の定員に対して3500名に迫る志望者があった。プレゼンテーションを行うAO入試では、食品廃棄などの環境問題に取り組みたいという学生や、食マネジメント学部で基盤となる学問を修めてからシェフを目指したいという学生など、この学部に対する意識、ニーズは想像以上に高かった。食を通して世界のために貢献したいという志のある者や、起業精神が高い学生も集まった。

「食」に関する学問では、2019年4月には京都府立大学の文学部に「和食文化学科」が設置される予定だ。古都・京都から和食文化を担う人材の育成を目的としたもので、「和食史学」や「食経営学」、「和食科学」といった科目が用意される見通しだ。卒業後の進路には研究者やジャーナリスト志望の他、商品開発業界、観光業界、飲食業界、農業、国際機関、貿易関連企業での活躍を期待しているという。

法学部や経済学部などの伝統的な学部に学んだ学生の進路としては、たとえば、マスコミや金融機関などが花形業界だった。だが、ITやAI（人工知能）技術が急速に進むなかで、それらの分野を含むいくつもの分野が斜陽産業と言われるようになった。一方で、「食」の分野がなくなることはないし、今後まだまだ拡大していくことは間違いない。人口増大によるビジネスの拡大から食糧危機への対応に至るまでその範囲は広い。当然、この分野に携わる人材はますます求められるようになっている。

学問として学ぶことも大事だが、調理の現場で学ぶ機会の門戸開放も急がれる。〈美濃吉〉十代目当主の佐竹力総氏は「世界には日本食レストランが11万軒以上もあるなかで、実際には日本食とは呼べないような料理を出す店が多いのが実情」と話す。

佐竹氏は、正統な日本料理を作れる料理人を育てることが息の長い日本料理文化の普及につながると考え、政府のクールジャパン推進会議で提言し、2016年には「海外における日本料理の調理技能の認定に関するガイドライン」が定められた。

また現在、京都市内では外国人が日本料理を学ぶための就労が国の特区制度で可能になっている。従来は、入国管理法によって外国人が働くことは認められていなかったが、この制度で5年間就労しながら学ぶことが可能になった。〈美濃吉〉でも積極的に外国人を受け入れている。享保元年（1716年）年に創業し、300年の歴史を有する〈美濃吉〉でその神髄を学んだ外国人料理人の存在は、日本に学びに行こうという料理人を増やしていくに違いない。

日本食を楽しみに来日する外国人は増えた。さらに、日本食を学びにくる外国人が増えれば、世界各国で日本食は一層広まり、本場の日本にやってくる人がまた増えるという循環ができてくる。京都での特区の成功を、日本全国に広げていくことが重要だ。

～外食から農業と環境問題を考える！編～

外食と密接にかかわっているもの。
それが、農業であり、環境問題である。
生産者からの食材の供給がなければ、外食は成り立たない。
国が謳う、食料自給率を上げようという取り組みは、
なぜか家庭内での食事と考えられがちだが、
一度、外食から農業を考えてみるべきだ。
レタス一枚、お肉一切れ……。
どうしてこのお店のこのメニューに使われているのかを
考えることで、新たな気づきが生まれるだろう。

粗利2000万円の若い女性による農業

外食は、一杯の丼、一枚のお皿にいろいろなものが凝縮されている。見て綺麗な盛り付けや美味しい味付けはもちろんだが、もっともっと幅の広いテーマがそこには存在している。

ＩＴやＡＩで世界の産業構造が大きく変化し、少子高齢化で我が国の消費市場が縮小していくなか、今後のフードビジネスはどのように変化をしていくのだろうか。人が生きていくために食べることがなくなることはないだろうし、食べる喜びが減っていくこともないだろう。その意味では、「ＡＩによってなくなる仕事」にフードビジネスは該当しないだろう。だが、世界的には気候変動や人口増によって食糧生産が追いつかなくなる事態も想定されるし、そうなれば諸外国との食糧貿易で日本の「買い負け」というような問題もありうる。目の前の一枚のお皿の上には、さまざまな料理と共にさまざまなテーマがのっているのだ。

まずは、食材が供給される農業との繋がりだ。農業にとって、まとまった量を定期的に仕入れるフードビジネスは重要な買い手である。フードビジネスが買い取りを〝保証〟することで農家の経営は安定し、農業が後継者に引き継がれ、日本の農業を守ることにもつながる。後継者不足が深刻な農業にとって、フードビジネスは大きな希望になっている。

昨今、外食する際に「〇〇産豚肉」「△△県の△さんのレタス」というインフォメーションに出会う機会が多くなった。一昔前なら、寿司店で「□□のウニ」などと誇らしげな表現があったくらいだが、今では野菜でもそんな説明を見る機会が増えた。生産者の顔が見えることが、消費者の安全と安心につながっている。

〈モスバーガー〉では店内に設置したボードに「〇〇県〇〇さんのトマト」などと生産者の名前を表示している。玉ねぎやレタスなども含め、いずれも同社の基準をクリアした低農薬・低化学肥料の野菜ばかりだ。これらの野菜は〈モスバーガー〉の協力農家から納品され、使用される農薬の種類や量はすべて産地台帳に記載され、同社社員が定期的に確認している。

その出荷量は年間でトマトが約２７３０トン、玉ねぎが約２０７０トン、レタスが約２０７０トン、キャベツが約５８０トンにもなる。基準をクリアしたこれだけの野菜を日々大量に市場からかき集めることには当然限界がある。そこで同社は約２９００戸に上る協力農家と契約して安定的に食材を仕入れている。１９９７年に〈モスバーガー〉全店で「モスの生野菜」を導入してから20年以上にもなる。現在は目にすることが多くなったこうした産地等の情報告知の取り組みだが、同社は全国チェーン店としてはまさに草分け的存在だ。

麺の上に480gもの野菜が盛られている、その名も「野菜たっぷりちゃんぽん」は〈リンガーハット〉の看板商品だ。同社のちゃんぽんにのる、キャベツ、ニンジン、もやし、キクラゲなど、計7種の野菜はすべて契約農家による生産だ。2009年からは、使用する野菜を100%国産のものに変えたのだ。

「国産野菜100%採用」宣言は当時、外食業界に大きなインパクトを与えた。社内では、「輸入野菜より高価な国産野菜を採用したら、コスト吸収ができない」と反対の声も多く上がったが、米濵和英会長兼社長（現会長兼最高経営責任者）は譲らなかった。それまで経営が低迷していた〈リンガーハット〉にとって大きな賭けだった。安全面だけではなく、冷凍野菜では味わえない生野菜だけのシャキシャキの食感は、必ずお客さまの支持を得られ、また足を運んでくれると米濵氏は考えた。国産野菜100%という決断は、商品の値上げという決断でもあった。その結果、国産野菜100%採用宣言から1年後、同社の経営は再び軌道に乗った。

さらに、2010年には麺に使う小麦粉を、2013年には餃子の主原料もすべて国産に切り替え、化学肥料を減らす取り組みも行っている。〈リンガーハット〉のホームページでは、キャベツ、にんじん、ねぎ、玉ねぎ、にら、小ねぎなどの仕入先の農家の名前と写真を掲載している。また、北海道から鹿児島まで全国各地の農家と契約することで、ある地域が自然災害に見舞われ不作となっても、安定供給ができるようにバランスを取っている。2008年にはキャベツの契約栽培の取り組みが「農林水産大臣賞」を、翌年には第17回「優良外食産業表彰国産食材安定調達部門」でも同賞を受賞した。

農家といえば、天候に恵まれて豊作になれば買いたたかれ、悪天候が続いて不作となれば出荷できない不安定な仕事だった。最近では有機農産物などの消費も増えてきたが、市場で売るためには無農薬や低農薬よりも、見栄えのいい消費者ウケする農産物を生産することに重きが置かれてきたと言える。そんな農業が外食によって大きく変化しているのだ。供給先が安定していないから農業に魅力は見い出せず、農業従事者は減ってきたのだから、安定した農業になれば若い人の参入も期待できる。

〈モスバーガー〉の協力農家には、売上高1億円、粗利で2000万円以上を稼いでいる農家もある。農業に魅力を感じて立ち上げた若い女性だ。

100%
made in JAPAN

日本の農業を守るのも外食の役目

〈モスバーガー〉は農業そのものにも乗り出した。２００６年に設立した農業生産法人モスファームだ。これは生鮮野菜の安定的確保に加えて生産技術の向上、耕作放棄地の有効活用、農業の後継者育成、新規就農支援までをも目的としたもので、外食企業による農業振興の取り組みだ。モスファームは現在、北海道や長野、静岡、熊本など全国に7社あり、パートナーの代表はいずれも30～40代と若い。

モスファーム7社の出荷先は、ほぼ〈モスバーガー〉だから、しっかりした経営基盤だ。その上で、店舗で使わない規格外などの野菜をスーパーマーケットでも販売する。「減農薬・減化学肥料」のモス基準はブランドでもあり消費者からはすこぶる好評だ。２０１６年度の販売実績は約７５００万円に上り、今後、拡大する計画だ。

ＩＴ技術の活用も進めている。静岡のモスファームではトマト栽培でデンソーなどと協力し、ハウス内の温度や湿度、二酸化炭素（CO_2）、光などを自動コントロールしている。これにより収穫量は2割も増えた。長野のモスファームではレタスの収穫・出荷を予測するシステムのモデル構築に着手している。個々の農家では取り組めない農業の近代化も、安定基盤があればこそ。外食によって農業の生産性の向上が図られている。

現在、〈モスバーガー〉の海外店舗で使用する野菜は、その国で生産されたものだ。

だが、モスファームが将来目指しているのは、最先端の技術による農業で、「世界一美味しい日本の野菜を海外店舗でも提供すること」（櫻田厚会長）だ。

〈モスバーガー〉のヒット商品であるライスバーガー（1987年発売）は、もともとは国産米の消費拡大のために開発された。パンの代わりにご飯を固めたもので具材を挟んだバーガーで、ほどよい力加減で成型するのに苦労したというが、今では特に海外店舗で人気のメニューとなっている。

〈ロイヤルホスト〉では、2013年からGood JAPANと銘打ち、日本各地の食材を使ったメニューを強化している。16年にはサラダに使用するフレッシュ野菜を全店で100％国産化した。また、ステーキとサラダバーのレストランとして、東京で8店舗、横浜で1店舗展開する〈シズラー〉では2004年から小学生を対象に、野菜や果物について知ってもらう食育イベント「ベジフルキッズクラブ」を実施している。〈デニーズ〉（セブン＆アイ・フードシステムズ）でも2015年春に、フレッシュサラダに使用する野菜をすべて国産にした。

こうした動きは大手に限った話ではない。地域に根ざした飲食店ではもともと、地元産の食材を使用することでその土地「ならでは」の料理を提供してきた。そこからさらに一歩進めて、地元の農業の発展に貢献するためのフードビジネスに取り組んでいる人もいる。

熊本市にある人気イタリアンレストラン〈リストランテ・ミヤモト〉のオーナーシェフ、宮本健真氏は2008年に食材のすべてを熊本県産に切り替えた。イタリアでの修業時代、「農家を守るのがレストランの役目」という師匠の言葉の影響が大きいという。イタリアでは現在も多様な郷土料理が存在し、その地域の伝統的な食材がそれらを支えている。宮本氏も県内各地に仲間の農家を増やす活動をし、独自のレストラン経営を確立した。

2016年4月、熊本地震の際にも、宮本氏の店舗は被災したにもかかわらず、避難所での炊き出しや全国のシェフ仲間から集まる支援物資を農家の仲間たちの協力を得て、80カ所に配ったという。レストランのために培った農家との活動が、緊急時にもこのような形で地域貢献をすることになるとは夢にも思わなかったであろう。

当時の取材に対して宮本氏は「良い食材を提供する農家が少なければ、食文化の崩壊につながる。それを守るのはレストランが良い食材を使い、良い料理を提供していくこと。『レストランが文化を守る』という考え方です」と語っている。

牛肉とオレンジ

僕は大学の経済学部で学んだが、その卒業論文は「GATT体制に見る牛肉輸入自由化の一考察」というものだった。2017年、米国にトランプ政権が誕生して以来、関税の引き上げなど保護貿易的な議論が増えた。第二次世界大戦後の世界は、保護貿易が戦争へと発展した反省から一貫して関税を引き下げる自由貿易体制を推し進めてきた。現在それを担う国際機関はWTO（世界貿易機関）だが、その前身とも言えるのがGATT（関税と貿易に関する一般協定）体制だった。若い世代にとっては、教科書で習った牛肉とオレンジがセットになって出てくる歴史上の出来事なのかもしれないが、僕にとっては、大学生だった1980年代後半に国を挙げて大議論になっていた出来事だ。だから、僕には当時のリアルなニュースであり卒業論文のテーマだった。

今でこそ、日本のスーパーマーケットの精肉コーナーには、国産牛肉と並んで米国産や豪州産の牛肉がたくさん置いてある。街中には手ごろな価格で食べ放題の焼肉屋がたくさんある。だが、輸入が自由化されていなかった当時、庶民の家庭では牛肉はめったに食べられるものではなかったし、大学生同士が焼肉やしゃぶしゃぶを外食することはありえなかった。「腹一杯、肉を食べたい!」という食べ盛りの僕らの願望を叶えてくれたのは、当時、唯一食べ放題システムがあったジンギスカンの店だった。北海道に馴染みのなかった僕は、一口目はその独特な匂いに抵抗があったものの、二口目からはそれがクセになった。

僕は経済政策論のゼミに所属していた。当時は特に日米間での貿易不均衡が旬だったゆえのテーマ設定でもあった。1980年代の米国は、「強いアメリカ」を目指すレーガン政権の下、軍事費の増大などによる財政赤字とドル高による貿易赤字を合わせた「双子の赤字」が問題となっていた。そこで米国は、行き過ぎたドル高をどうにかしたいと主張しはじめ、1985年、先進5カ国（米国、日本、英国、フランス、西ドイツ）でドル高是正に向けたプラザ合意を取りつけた。

この合意により各国通貨はドルに対して劇的に高くなる。たとえば円とドルは1ドル＝240円台から1ドル＝120円台まで円高ドル安が進み、米国はドル安の下で輸出競争力を高めることに成功した。こうした流れのなかで、米国が日本に求めたのが牛肉とオレンジの貿易自由化だった。

当時はGATT体制下で、多国間交渉によって関税や規制などの貿易障壁を取り除き、自由な貿易を活発にしようという動きが進められていた。日本も参加国として貿易自由化を進めていたが、牛肉やオレンジを含む一部農産物に関しては国内農家の保護のために輸入制限を継続。これに対し米国は市場の開放を迫り、日本国内では賛成と反対が世論を二分していた。

僕の「考察」の結論は、自由貿易こそが日本の経済成長にとって必要だというものだった。米国産牛肉やオレンジが日本にたくさん入ってきても、日本の牛肉やみかんが壊滅することはないと確信していた。学生であるがゆえの楽観論だったかもしれないが、日本の和牛と米国産牛肉は差別化できるはずだと考えたし、こたつに入って手で皮をむいて食べられるみかんと、絞るか切るかしないと食べられないオレンジは別物だと考えていた。

日米交渉の結果、牛肉はまさに僕が卒業論文を書いている最中の1988年に日米間で合意、3年後の1991年から自由化することが決まった。果たしてその後、日本の国産牛肉はダメになっただろうか。

農畜産業振興機構が公表している牛枝肉の規格別卸売価格（東京市場）によると、「和牛めす」の1キログラムあたりの価格は、1990年がA-5で2835円、A-4で2225円、A-3で1879円だった。自由化後の1992年にはA-5が2795円、A-4が2016円、A-3が1543円などと下落し、その後も国内景気後退の影響などを受けながら波があるものの、2012年末頃から上昇基調となる。

2017年で見るとA-5が3061円、A-4が2530円、A-3が2059円といずれも自由化前を上回る価格となっている。ちょっと古い農林水産省の資料（過去に行われた輸入自由化等の影響評価、平成19年2月）になるが、肉用牛を育てる畜産農家の数は、自由化後5年間で3割減少したという。

だが、一方で大規模化が進み、畜産農家一戸当たりが育てる牛の平均頭数は5年で約2・5倍になった。自由化にあたって国ももちろん対策をとったが、何よりも、危機感を背に競争力を高めようとした畜産農家の努力が大きかった。和牛はブランド化に成功し、いまや海外でも「WAGYU」として知られるようになった。そして僕たち消費者は、普段の家庭料理やカジュアルな外食ではリーズナブルな値段で輸入牛肉を美味しく食べられ、記念日などスペシャルな日には極上の和牛を味わうという選択ができるようになった。

先日も、日本の「WAGYU」を称賛する声を聞いた。

その主は、米国のオバマ政権下で農務長官を務めていたトム・ヴィルサック氏だ。日本フードサービス協会のゲストスピーカーとして来日し、僕が対談相手を務めたときのことだった。ヴィルサック氏はかつて来日したときに食べた神戸牛が忘れられないとして、今回の来日でも神戸牛を食べたという。そして味わいを絶賛するのはもちろん、「スピーディーな調理やサービスも素晴らしく、盛り付けもただ並べるのではなく、ひと手間かけてバランスを考えている。それなのに価格はワシントンよりもリーズナブルで、とても感動した！」と興奮した様子で話してくれた。僕も米国産のプライム格付けステーキを美味しいと思うが、和牛の味わいはまた別物だと思うので、称賛を素直に受け止めた。

ちなみに、ヴィルサック氏はアイオワ州知事時代から山梨県の養豚業とも関わりが深い。アイオワ州と山梨県は姉妹県州で、その発端は昭和34年（1959年）に遡る。同年、山梨県は伊勢湾台風を含む二度の大きな台風で甚大な被害を受け、そこへアイオワ州から支援として種豚35頭と飼料用トウモロコシー500トンが贈られたのがきっかけだった。戦後からまだ時の経たない日米間で、姉妹県州第1号となった。山梨県は養豚研修などを通じてアイオワ州との交流を深め、種豚を元に新しい系統豚（一定以上の血の繋がりを持つ豚の集団）として「フジザクラ」や「フジザクラDB」を開発。県内農家がこれらを活用し、きめ細やかで柔らかな口当たりの銘柄豚「甲州富士桜ポーク」が生まれた。

アイオワ州で当時のストーリーを描いた絵本『Sweet Corn and Sushi』が作られ、この絵本はヴィルサック夫人の尽力によりアイオワ州と山梨県の学校に配られたという。

そして、豚もさることながら同時に贈られた飼料用トウモロコシは、日本の畜産農家全体に大きな影響を与えた。それまで日本の養豚では主に残飯を使うところも少なくなかったが、飼料用トウモロコシを使えばより効率的に美味しい豚が育つことがわかったのだ。現在日本では、トウモロコシをはじめコメ、サツマイモ、茶葉など、生産者がそれぞれに工夫した飼料で育てた多種多様なブランド豚を、家庭や外食で食べることができる。

「輸入自由化」に反対する理由はどこにある?

ＴＰＰ（環太平洋戦略的経済連携協定）交渉でコメ、麦、牛肉・豚肉、乳製品、砂糖が「聖域5品目」として議論されているのを見ると牛肉とオレンジのときと同じことを思う。日本の畜産農家のレベルは高く、特に品質面において世界からの信頼は厚い。段階的に規制緩和と自由競争を進めていけば、企業による農畜産業への進出も促され、近代化も進んでいくはずだ。

ＴＰＰは２０１０年、シンガポール、ニュージーランド、チリ、ブルネイ、米国、豪、ペルー、ベトナムの８カ国で交渉が始まった。その後、マレーシアやメキシコ、カナダが参加。２０１３年７月に日本が参加し、２０１５年に計12カ国での大筋合意が成立していた。ところが、２０１７年１月に米大統領に就任したドナルド・トランプ氏はＴＰＰから「永久に離脱する」という大統領令に署名。12カ国での発効は絶望的となった。

だが僕は、米国を除く11カ国で「ＴＰＰ11」を発効させるべきだとかねてより主張してきた。日本国内ではＴＰＰに関して、海外から安いものが入ってくるのではないかという輸入の脅威ばかりに焦点があてられがちで、日本から世界に輸出しやすくなるというメリットがあまり意識されていないようだ。

新聞やテレビで連日のように少子高齢化、国内市場の縮小、海外に活路……などと報道されるように、日本はもっと広い市場を求めて出ていかなければいけない。貿易障壁が低くなれば、優れた技術を持つ中小企業も輸出しやすくなる。**日本の高品質なモノやサービスは必ず世界で戦える**はずだ。

そして2017年11月、ベトナムで開催された会合で「TPP11協定」（環太平洋パートナーシップに関する包括的及び先進的な協定＝CPTPP）を大筋合意した。過半数にあたる6カ国で手続きが終われば60日以内に発効する。内閣官房の資料によると、TPP11が発効すれば、実質国内総生産（GDP）を約1・5％押し上げ（2016年度GDP水準で換算すると約8兆円相当）、労働供給が約0・7％（約46万人）増加する経済効果が予測されるという。

市場の保護は消費者側にとって必ずしもメリットとなるとは限らない。たとえば近年、たびたびバターが品不足になる。このニュースが流れると、スーパーに行っても売り切れか、無塩バターだけが置いてある。ようやく有塩バターがあっても、「お一人様一点まで」という表示。代わりに大量のマーガリンが置いてある場合もあるが、バターとマーガリンは似て非なるものだ。バターの風味をマーガリンが代替することとは無理だし、マーガリンに含まれるトランス脂肪酸を忌避する人も多い。2018年

9月の北海道胆振東部地震では、全道停電となり搾乳できなくなった。結果、2週間後には生乳が不足し、ほどなく乳製品も品薄状態に陥った。僕の場合は、なければないで諦めることができるが、どうしてもバターが必要な洋菓子店などにとっては死活問題とも言える。

国内でバターが不足するのは、酪農家の減少によって、原料の生乳の供給が不足しているためなのだが、同時に、国がバターの輸入を制限しているからでもある。

TPPにおいても国内の乳業団体は、国内産業へのマイナス影響が懸念されるとして政府の輸入制限を後押ししてきた。だが、原料不足の背景には酪農家の高齢化や後継者不足といったすぐには解決できない課題がある。農林水産省の統計（平成30年7月発表）では、2009年から2018年にかけて、乳用牛の飼養戸数は2万3100戸から1万5700戸に、飼養頭数は150万頭から133万頭に減少。1戸当たり飼養頭数は64・9頭から84・6頭に増えている。

北海道では、「病気やけが」「後継者がいない」が酪農を廃業する主な要因の6割を占め、後継者が「わからない、未定」の酪農家が約2割ある（ホクレン農業協同組合連合会）。もはや国内の対処療法で解決するのは困難で、飲用の牛乳を中心に流通する生乳不足に対してバターの市場を開くことや、酪農家の保護ではなく法人化や大規模化によって酪農産業の保護と発展を期していかなければ、乳製品の供給不足を受け入れていくしかない。

市場を開けば海外から多くのバターが輸入され、一定の価格競争が起きるのは間違いない。だが、牛肉同様にバターの差別化による成功例はある。高級バターで成功した「カルピスバター」だ。カルピス社がおなじみの乳性飲料「カルピス」を製造する過程で出る、カルピスにならない部分（クリーム）を熟成するなどして作られたもので、はじめは業務用で販売していたものが徐々に食通の間で知られるようになり、市販されるようになった。「カルピス特撰バター（有塩）」は内容量450グラムで1457円（メーカー希望小売価格、税別）と一般的なバターと比べて高いが、人気を博している。

また、海外から安いバター等の乳原料を輸入してお菓子等に加工し輸出するというビジネスモデルも有望である。実際日本のお菓子は、訪日外国人のおみやげとしてとても人気が高い。農水省の調査によると、2017年のおみやげ購入額1兆6398億のうち21％、3456億円が食品で、うち46％がお菓子である。

価格が高くても、価値に見合う品質であると判断すれば、快く財布を開くし、ネットでポチッと購入ボタンを押す消費者はたくさんいる。それが経済成長後の成熟国の消費スタイルでもある。世界に誇れる品質大国の日本は、こうした高付加価値商品の開発を探っていくのが、農業に限らない今後の一つの活路に違いない。そして消費者にとっては牛肉と同じで、用途や懐具合で豊富な種類から自分がほしいものを選べるようになる。だが貿易自由化ではいつの時代も業界団体の声は大きく、政治家も関係省庁も無視できない。最たるものはご存じの農協（JA）だ。農業生産や食糧供給の拡大に寄与し、工業化が進んだ高度経済成長を影で支えた。

1950年には600万戸を超えていた総農家の数は、2015年時点で、約215万戸までに減少した。GDPに占める農業の割合は、わずか1%となっているのだが、現在（2017年度）も農協の正組合員数は443万人いる。これは、農業をやめても尚、会員でいる人が多いということだ。さらに、農業にまったくかかわっていなくても、一定の資金を払えば誰でも准組合員になれるという制度があり、こちらの会員数は正組合員数を上回る594万人。合計で1000万人を超える。農家は減っているのに農協の組合員数は増加するという、不思議な現象が起きているのだ。こうした背景もあり、日本が国際社会のなかで存在感を高めていくなかにおいても貿易自由化をはじめとする国際化や規制緩和、各種改革への対応には常に腰が重く、いまや農協こそが日本の農業の発展を妨げているとまで言われるようになってしまった。

しかし、これから急激に人口が減少していく日本の農業を守るには、海外の市場を狙うしかない。そうであれば、関税撤廃をし、貿易の自由化を目指すのが賢明な道ではないだろうか。

TPP11の参加国で、世界のGDPに占める割合が最も大きいのは日本だ。米国が保護主義的な動きに走り、中国との貿易戦争が懸念されるなか、日本がリーダーシップを発揮していく必要がある。

覚えておきたい！主要経済協定一覧

名称	段階	加盟国
TPP （環太平洋経済連携協定）	18年3月に米国を除く環太平洋経済連携協定（TPP）参加11カ国が新協定「TPP11」に署名、年内発効めざし各国が国内手続き中	オーストラリア、ブルネイ、カナダ、チリ、日本、マレーシア、メキシコ、ニュージーランド、ペルー、シンガポール、ベトナム
ASEAN （東南アジア諸国連合）	1992年にASEAN自由貿易地域（AFTA）を創設	ブルネイ、カンボジア、インドネシア、ラオス、マレーシア、ミャンマー、フィリピン、シンガポール、タイ、ベトナム
RCEP （東アジア地域包括的経済連携）	2013年に交渉開始、「2016年大筋合意」の方針を断念も、早期妥結めざし交渉継続	日本、中国、韓国、インド、オーストラリア、ニュージーランド、ASEAN
NAFTA （北米自由貿易協定）	1994年に発効。トランプ大統領就任後に再交渉開始	カナダ、メキシコ、米国
EU （欧州連合）	1993年に設立。19年3月に英国が離脱予定	オーストリア、ベルギー、キプロス、エストニア、フィンランド、フランス、ドイツ、ギリシャ、アイルランド、イタリア、ラトビア、ルクセンブルク、マルタ、オランダ、ポルトガル、スロバキア、スロベニア、スペイン、ブルガリア、クロアチア、チェコ、デンマーク、ハンガリー、リトアニア、ポーランド、ルーマニア、スウェーデン、英国
TTIP （環大西洋貿易投資協定）	2013年に交渉開始、17年1月のトランプ米政権誕生で交渉停止状態	米国、EU
日EU・EPA	2019年に発効予定	日本、EU
日中韓FTA	交渉中、早期妥結めざす	日本、中国、韓国

ジビエ活用で森林を救い、地方を活性化させる

日本人の食生活で、これからのキーワードとなってくると僕が確信しているのが、ジビエだ。現在はグルメ的な意味でジビエという言葉が使われることが多いが、今後は環境問題ということを意識した取り組みが必要だと僕は考えている。

ジビエという言葉は最近ではよく聞くようになったが、もともとはフランス語で、「狩猟で得た野生鳥獣の食肉」という意味だ。フランスでは昔、狩猟ができるほどの広大な領地を持つ上流階級のみがジビエを食すことができたことから、ジビエはある種のステータスだったという。日本でのジビエはシカやイノシシ、熊などだ。さらに珍しいものでは、野ウサギやマガモ、カルガモ、キジ、カラス、ヌートリア、ハクビシンなどもある。狩猟ができる期間は決められており、日本では、北海道では10月1日〜1月31日、北海道以外は11月15日〜2月15日が解禁期間となっている。

昨今、野生鳥獣によるさまざまな被害が広がっている。林野庁によると、平成28年度の主要な野生鳥獣による森林被害面積は約7122ヘクタール。過去数年間では減少傾向にあるものの、依然多い。このうち約8割をシカが占める。シカの生息分布は1978年度以降大きく拡大し、36年間で分布域は約2・5倍となった。環境省の推計では北海道を除く国内には平成25年度末現在で約305万頭のシカが生息（北海道は約54万頭）

しており、現在の捕獲率では5年後（2023年）には約1・5倍に増加すると予測している。

シカによる被害では、植栽木の食害、樹皮剝ぎ、下層植生の衰退、裸地化などがあり、土砂崩れや国土保全機能の低下につながる。農作物被害も大きい。農水省によると、平成28年度の野生鳥獣による被害金額は約172億円。うち、シカが約56億円、イノシシが約51億円、サルが約10億円などとなっている。

一方で、狩猟者の数は減少しており、狩猟免許所持者数（環境省）によると昭和50年に約51万8000人だったが、平成27年には約19万人となった。林野庁では2023年度までにシカ、そしてイノシシの生息頭数を半減させる目標を掲げ、ICTも活用した捕獲技術向上や捕獲従事者の育成などを行なっていく方針だ。

僕は、こうした国の取り組みは、増えすぎた野生生物の適正化に必要なことだと思う。ただ根本的な価値観として、被害が拡大しているから駆除するというのではなく、人の暮らしのなかで積極的に利用していくということに重きを置くべきだと考える。もともとは、人間を含めた生存活動の結果として生態系は成り立っていたはずだ。ある種の野生動物が増えすぎてしまったという結果は、人為的に保護してきたからでもある。逆に、ミンクやチョウザメ、丹頂鶴など、過去に人間が食用や衣服用に乱獲して絶滅の危機に陥れた生物はたくさんある。最近では、クロマグロやニホンウナギが絶滅危惧種と言われている。

長野県茅野市にある〈オーベルジュ・エスポワール〉は、ジビエ料理が有名なフレンチレストランだ。オーナーシェフの藤木徳彦氏は日本ジビエ振興協会の代表理事で、山の生態系の持続可能性を求めるためには、『食べる』ということでサポートしてくことも重要」と話す。そもそも、これまで生態系を破壊する有害動物として駆除された鳥獣のほとんどが埋設か焼却処分されていた。このため同協会では、捕獲した野生の鳥獣を食用の地域資源として有効活用すべく、普及活動を行なっている。実は、現在日本で食べられているジビエの8割は、そのための食材としてわざわざ海外から輸入されている。国産ジビエは未だ全体の約2割を占めるに過ぎない。日本ジビエ振興協会によれば、食肉利用されているのは全国平均でたった5%ほどというから、何とももったいない話だ。藤木氏は自然に恵まれた長野県産の材料でフランス料理を作っている。得意とする鹿肉のローストなどのジビエ料理は、まさに地産地消そのものと言える。

また、ジビエは栄養価に富んでいる。同協会によると、たとえば牛（サーロイン）-0

0g当たりのエネルギーは317kcalでタンパク質は17・1g、脂質25・8g、鉄分2・0mg、ナイアシン5・3mg、ビタミンB12が1・4mg、ビタミンB6が0・35mg、ビタミンB2が0・17mg。これに対してイノシシはエネルギーが268kcal、タンパク質18・8g、脂質19・8g、鉄分2・5mg、ナイアシン5・2mg、ビタミンB12が1・7mg、ビタミンB6が0・35mg、ビタミンB2が0・29mgと、高タンパクでありながら低カロリー、低脂質で、身体を気にする僕にとっても積極的に摂取したい食材だ。野生鳥獣特有の匂いや寄生虫などが気になるという人もいるが、最近では衛生的な殺処理や調理技術の普及、向上も進み、フードサービスでもジビエのメニューは増えつつあり、人気もある。

たとえば、JR東日本のエキナカにある立ち食い蕎麦屋〈駅そばあずみ〉では、同グループの地域再発見プロジェクトの取り組みの一環として、千葉県産のイノシシを使った「房総ジビエ 猪そば」を5年ほど前から期間限定で販売して人気を博している。また、和歌山県では、学校給食でシカ肉のハンバーガーやカレーライスを出すなど、活用に取り組んでいる。

政府は全国で狩猟者の育成や搬送、加工における安全性の確保、年間を通じた安定的な供給、消費者への安心感の提供などを強化し、ジビエ利用量を拡大させようとしている。

都会でもジビエ料理を食べ、その消費量を拡大していけば、地方の森林を野生鳥獣の被害から間接的に守ることができる。外食産業は消費者と地方をつなぐ一つの役割を担っている。

ジビエとは少々違うが、神奈川県横須賀市では2017年8月~10月の期間限定で、外来生物を食べる居酒屋がオープンした。メニューには、アメリカザリガニを炒めた「ザリガニのジェノバ風」やコイを中華風にアレンジした「麻婆鯉」など。NPO法人「三浦半島生物多様性保全」が外来生物を知ってもらおうと企画した。野生鳥獣や外来生物などの環境問題を考える上で、外食はやはり消費者にとって最も身近な接点となるようだ。

外食で働くと、環境問題に貢献できる

食品ロスに対しても、外食ならではの取り組みが始まっている。フードビジネスにおける食品廃棄量は2013年度の推計値で147万トンと、食品製造業の46万トンなどと比べても多い。だが、さまざまな分野で環境意識が高まるなか、外食業界でも「食品ロス」削減への取り組みが進んでいる。

香川県高松市を中心に居酒屋を展開する平井料理システムは、近隣店舗の全ての廃棄物を自社で収集、分別した後、食品残渣《ざんさ》は地元の畜産農家に運び、堆肥づくりの資材として売却するなどし、食品リサイクル率で100%を達成した（2015年度実績）。

松屋フーズも食品残渣を肥料に、自社工場から出る野菜くずを飼料にするなどしている。

鹿児島県を中心に飲食チェーンを運営する康正産業は、鹿児島ならではの興味深い環境への取り組みを行なっている。各店舗では日々、材料や食べ残しの廃棄が出るが、同社ではこれをリサイクルして養豚の餌にするシステムに参加することで、安全で美味しい豚肉の生産につなげている。

寿司や焼肉など多様な業態とメニューを持つ同社の食品廃棄物はさまざまだが、ここに麹菌を混ぜて発酵させることで養豚に適したリキッド状の餌になるという。鍵となる麹菌は同県の源麹研究所（霧島市）のもので、同研究所によると、このリキッド状の餌「GEN麹リキッドフィード」は麹菌（河内菌）の働きで食品廃棄物を溶かすと共に腐敗を防止する。廃棄物を仕分けする必要がなく多少油分が多くても大丈夫で、低コストで良好な肉質を実現できるという。

康正産業の肥田木康正社長によるとこの餌で育った豚は実際に味がよく、同社が展開する店舗のメニューにも使用。お客さまからも好評を博しているという。こうした取り組みをすることで、同社の食品リサイクル率は約43％に達する。外食業界の平均は約23％だが、牛丼は丼以外すべて食べられるが、カニは殻が必ず残るなど一概に比較することは難しい。

もっとも、環境への取り組みは売上高や利益にすぐ反映されるわけではない。だが肥田木社長は「今は地域のどこかでプラスになればよいと考えています」と話す。養豚のシステムに参加する取り組みを進め、いつかブランド豚のような存在にしていきたいと考えている。将来のことを考えて、先んじて農業や環境問題に力を入れている企業が、結局は将来、生き残る企業になっていくことだろう。

農林水産省が「食品ロス削減に向けて〜もったいないを取り戻そう！」というキャンペーンを打ち出したのは今から5年前（2013年）。我が国では、年間で1700万トンもの食品廃棄物が排出され、また、そのうち、実際は食べられるものが500万〜800万トンも含まれているという報告には僕も驚いた。もちろんこれはフードビジネスだけでなく、家庭のゴミも含まれるから、国民全員の心がけで変えていくことのできる話でもある。

今後の食品ロス削減の取り組みに向けて、外食でできることの一つには「ドギーバッグ」もあるだろう。食べ残してしまった料理のお持ち帰りのことだ。残すのはもったいない。だけどもうお腹がいっぱい。お土産にして家族にも食べさせたい……しかし、お店によっては「それはできません」と言われるところも未だ多くある。生ものでなく、衛生的に問題ないと思われる料理なのに許されないのは、どうして？と不思議だし、残念に思う。欧米では当たり前になっているこの「ドギーバッグ」の習慣が我が国にも根付けば、環境問題にも貢献できるはずである。

~グローバルな視点で外食を語ろう！編~

インバウンドという言葉が日々浸透してきている。
東日本大震災の直後は、もう日本の観光はダメなのではないか
とまで言われたが、見事に外国人観光客が帰ってきた日本。
その魅力の一つが、我が国の外食であることは間違いない。
和食だけではなく、日本人の食へのこだわりは
世界中が賞賛する文化の一つである。
さらに今後は、外食の現場でも、外国人を雇うことは
大きなテーマであるし、さらに、少子高齢化を迎える今
いかに海外に日本の外食を売り込むかも、重要な課題だ。
日本の外食なくして、グローバリズムは語れない。

外食は、グローバル化の最強コンテンツ

高齢化が進むにつれて宅配弁当の需要が高まり、共働き家庭の増加で外食の利用が増えるといったことも予測できるが、人口自体が減ってしまえば客も働き手も減っていくのが現実だろう。

だが、輸出産業としてのフードビジネスはポテンシャルに溢れる。なぜなら、食への欲求は世界共通だからだ。

美味しいものを食べたい、新しい味わいを試してみたいという欲求は世界中にある。なかでも日本の外食はファストフードから高級店まで幅広く、総じてレベルが高い。欧米でも勝負できるし、アジアの国々が経済発展していけばさらなる需要を取り込むチャンスがある。たとえば、アメリカ人は日本に来て新幹線に乗ったときに、駅弁を食べて感動するらしい。たった10ドル足らずで、こんなにも手の込んだ、たくさんの食材が入ったランチボックスが食べられるのか！と。

フードビジネスの海外進出はいつから始まったのか。遡ってみると、斉藤もとさん（明治39年〜平成元年）という女性に行き当たる。

斉藤さんは日本のフードサービスの海外進出はもちろん「外食」なんて概念もなかっ

た時代に、「日本の誇り」を背負って海外で日本食レストランを開いた人だ。彼女の自叙伝『ニューヨークの鯉のぼり』(1988年、PHP研究所)からは戦前、海外にあった日本料理店の様子も知ることができる。

斉藤さんは幼い頃、母親に言われて芸者屋に奉公に出る。28歳で実業家となり、はじめは都内・築地で宿屋を経営していた。ほどなくして西銀座で鳥料理屋をはじめ、昭和14年、中国・上海で日本食レストラン〈クイーン飯店〉をオープンした。斉藤さんが海外進出した背景には、芸者時代の昭和5年に訪れたフランス・パリで見た「日本旅館(日本料理店)」の存在があったという。斉藤さんは先の著書にこう記している。

「建物は見るからに安普請。古いしょう油の臭いが浸み込んで、アブラ虫(ゴキブリのこと)がそこら中を這い回っていました。料理にしても、これが日本料理かと疑うほどの田舎料理、一口つけただけで胸やけを起こすのではないだろうか、というシロモノです。(中略)これはもう商売の上手下手の問題ではなく、日本人の恥さらし、〝国辱〟ものです。(中略)『これが日本料理です、これが日本旅館です』などとパリで宣伝されたのではたまったものではありません」

この衝撃が、外食の海外進出がまだほとんどなかった時代、斉藤さんを海外に行かせる動機となったという。

「ふと、洋行したときに〝屈辱〟さえ感じたパリの日本料理店を思い出したのです。ひとづてに聞けば、まだ営業しているそうです、アブラ虫を這い回らせながら。（中略）日本人の名誉挽回を兼ねて、一つ、私も海外で料理屋をやってみようかな」

そして「とりあえず、上海でやってみようか」とオープンしたのが〈クイーン飯店〉だった。同著によると、「当時、上海にはイギリスやアメリカを中心とする共同租界と、ガーデンブリッジをはさんで日本人街と呼ばれた虹口《こうこう》地区、そしてフランス租界とがあり、ここにのべ50ヵ国、4万人におよぶ外国人と5万人近くの日本人が住んでいました」。共同租界は治安も悪かったため周囲は斉藤さんに日本人街での出店を勧めたが、斉藤さんは、

「上海一の目抜き通り、南京路で日本料理店をはじめなければ、私にとって意味がないのです。虹口の日本人街には当時、三軒ほどの日本料理店がありましたが、客は日本の軍人ばかりです。私は〝パリの恥辱〟を晴らすという大それた野心を持っていましたから、『日本人街の溜り場でコソコソ商売したってしようがない。私は食うにこと欠いて上海に行くのじゃない、世界を相手に商売するの。これは〝志〟の問題、そうココロザ

シなんです』なんて、えらく元気でした」

そして斉藤さんは昭和14年（1939年）正月、上海南京路205号に日本食レストラン〈クイーン飯店〉をオープンした。街の一等地への出店を目指すのは、現在の外食企業が新たな進出先の国や地域で1号店を出す際にも共通することだ。しかし当時は、1937年の盧溝橋事件から日中戦争が始まっていて、太平洋戦争や第二次世界大戦の足音も近づく時代。そのなかで一人の女性がやってのけたのは本当にすごい。〈クイーン飯店〉はとても繁盛したという。だが、戦局が悪化したため、斉藤さんは店をたたんで日本へ帰国する。そして、次に目指したのはアメリカだった。その理由がまた豪快だ。

「上海の店をなくしたのは、私の粗相からではありません。日本とアメリカの戦争のお蔭です。ですから、どちらかに返していただこうと考えた末、やっぱり勝ったアメリカさんに返してもらうのが筋」と述べる。

昭和28年（1953年）に渡米し、資金調達に難航しながらも昭和31年、マンハッタン55丁目西70番に日本食レストラン〈さいとう〉を開店した。このときも周囲は、ロサンゼルスやサンフランシスコを勧めたが、斉藤さんは「アメリカの〝真ん中〟はニューヨークです。(中略)アメリカ最大の都市で勝負をつけてみたかったのです」と、真正面から飛び込んでいった。当時のニューヨークの日本料理店は「わずか数軒、それも貧相な食堂といった有様」だったという。対して〈さいとう〉は日本座敷と椅子席で200人は余裕で収容でき、メニューは「ディナー」にはテンプラ、スキヤキ、シーフード・スキヤキ、ちり鍋に吸い物か味噌汁、お新香、ライス、デザートつきの定食、「アラカルト」や「サイド・オーダー」にはうなぎの蒲焼き、豚や鳥の照り焼きと塩焼き、豚の角煮やトンカツ、刺身、茶碗蒸し、立田揚げ、焼きナス、湯豆腐、ふろふき大根、焼ノリ、おひたし、など。アルコールは、日本酒とビールは日本のもの以外一切使わなかったとしている。

店は連日満員で、8割が外国人のお客さんだったというから、斉藤さんの読みは正しかった。当時の日本はまだ敗戦のショックから抜け出せない時期。自信を失い、欧米に対してコンプレックスがあった。そうしたなかで斉藤さんは日本人の意地を見せたといってもいいだろう。

次第にニューヨークには日本食レストランが相次いでできてきた。斉藤さんは使命を終えたとして昭和60年、数えで80歳のとき日本に帰国。平成元年(1989年)に亡くなった。

同著にはまた、中国やアメリカでの現地従業員との関わりについても興味深い内容が書かれている。まず、〈クイーン飯店〉は板前だけ日本から連れて行き、あとの従業員は中国人を100人程度、ロシア人と日本人を各10人程度、計約120人を現地採用した。従業員について斉藤さんは、「中国人は本質的に国際人なんですね。華僑がそのいい例ですが、新しい環境に順応するのがとても早い。(中略)中国人の判断の基準は〝利〟が優先、〝良し悪し〟はあまり問題にならないようです。ですから、筋を通そうとする日本人と『没法子(どうしようもない)』『ママフーフーホー(100%でなくていい)』気質の中国人がケンカしても噛み合いません」と述べている。

さらに、店舗づくりに関わったアメリカ人について、「よくアメリカ人は働かない、といわれますけど、これは大きな間違い、働き方が違うのです。私の眼では、日本人はなし崩し的な働き方、アメリカ人は時間内を牛馬のごとく働く、といったところですね」と記している。日米の働き方はこの頃から現在まで全然変わっていないようだ。

フードビジネスの海外進出において、現地の人材が課題となるということをよく聞く。日本人が思うようには外国人は動いてくれないとか、会社への忠誠心が低いとか……。斉藤さんは長い経験から「噛み合わない」と言い切っているが、これこそ本質的に重要な思考なのかもしれない。違いを認めること、以心伝心はできないと理解すれば、そこから具体的な一つ一つの解決策が考えられるようになるのではないだろうか。これは現実の国際政治にも当てはまる。

現在、日本のフードビジネスの海外進出は活発だ。

2017年に発表された外務省の資料によると、海外における日本食レストランの店舗数は約11万8000店。2015年の約8万9000店から、2年間で3割ほど増えている。この調査以降もさらに増えていることは確実である。

回転寿司〈スシロー〉を運営するスシローグローバルホールディングスは、社名に「グローバル」を冠している。ホームページ上の企業情報や財務情報を、日本語に加えて英語で公表している企業も少なくない。

日本食は、我が国の重要な輸出産業だ！

2016年、僕は仕事でカンボジアを訪れた。カンボジアは名目GDPが約223億米ドル（外務省HP／2017年推定値、IMF資料）、一人当たりGDPが約1390米ドル（同）とASEAN（東南アジア諸国連合）のなかでも後発国。街並みにはまだ長閑さが残る。そのカンボジアで、日本でお馴染みの〈丸亀製麺〉を見つけた。運営するトリドールホールディングスが2015年11月に同国1号店として出店したもので、日本の外食の海外進出はここまで来ているのかと驚いた。そして、カンボジアで思いがけなく仲間に出会ったような気持ちになった。

僕が行ったことのある海外の都市は、大抵どこに行っても日本食レストランや日本の外食企業の店があった。今、一体どれくらいの日本の外食企業が海外進出しているのだろうか。関西学院大学の川端基夫教授によると、戦後初の出店である1956年から2014年末までに1400件（日本で外食業を営む企業が新たな海外市場に進出するごとに一件とカウント）以上の進出があり、店舗数では2015年10月末までで9000店近くが確認できているという。『外食国際化のダイナミズム 新しい「越境のかたち」』（2016年、新評論）によれば、進出先はもちろん欧米からアジアまで幅広く、近年はアジアへの進出が目立つ。いまや日本の重要な輸出産業となっている。

なかでも、先に紹介した〈丸亀製麺〉のトリドールホールディングスは進出規模などにおいてずば抜けている。同社は2016年7月末現在、全世界で1575店舗（日本1045店、海外530店）を展開している。2016年3月期決算は売上高が前年比14・5％増の1165億円、営業利益が同11・4％減の76億円、最終利益が同17・2％減の46億円の増収減益。このうち海外事業セグメントは売上高が計画の倍近い104億円、セグメント利益（企業の事業部門ごとの利益のこと）が7億円だった。

最初に海外に進出したのは、国内500店を達成した2010年だった。同年ハワイに海外子会社を設立し、翌年にハワイ1号店〈MARUKAME UDON Waikiki Shop〉をオープンした。だがこのとき、明確な海外進出プランを持っていたわけではなかったという。しかし、ハワイで手応えを感じた同社は、ここから海外進出を加速させていく。2012年にタイ、中国、韓国、2013年に香港、ロシア、インドネシア、台湾、2014年にベトナム、2015年にカンボジアに相次ぎ出店。現在海外13ヵ国に展開をしている。

半数近くの日本の飲食店が海外出店に前向きな考え

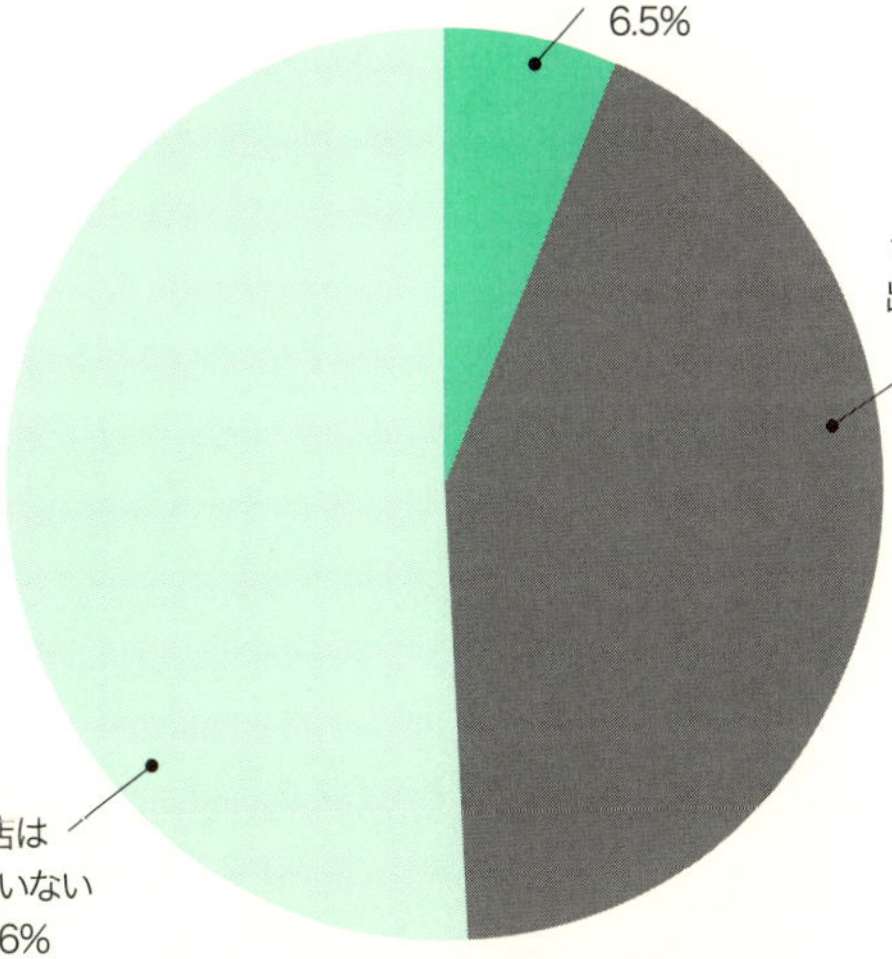

（飲食店 .com 2017 年　飲食店経営者・運営者へのインターネット調査 より　回答数 154 名）

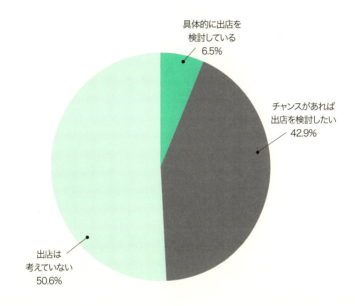

郷に入っては郷に従え～現地に権限を与える

海外に進出する企業が数多くある一方で、上手くいかずに撤退したり、当初の計画ほど出店を拡大できなかったりする例も多い。食文化や商習慣の違い、現地での出店地や人材の確保が課題だ。

そうしたなかでトリドールは、海外展開においてどのような工夫を凝らしているのだろうか。粟田社長によると、まず最も重要なのは現地でのパートナー選びだという。トリドールは独資での進出だけではなく、その国の状況に合わせて現地企業と合弁するなどの形態もとっている。独資、つまり海外市場に日系企業として単独で乗り込んでいくのは、本社にとっては統率がとりやすく企業ブランドを守れる一方で、異国の地では特に条件のよい出店先を見つけるのが困難なことなどが課題だ。

一方で合弁では、地元企業の持つパイプを使ってよい出店地をおさえることなどができる半面、相性のよくないパートナーだと足並みが揃わなかったり、パートナーが暴走して企業ブランドが損なわれてしまうといったデメリットがある。もちろん、独資で上手くいくところもあれば合弁で上手くいくところもあり、正解があるものではない。

粟田社長はまた、「日本のフードビジネスには、国内外共にガリバーたる企業がまだいない」と考えている。多数の企業がひしめき合っている現状は、自分がそれを目指す夢が持てるという。競争は激しいがそこには後発企業にも十分なチャンスもある、それがフードサービスの市場ということだ。

トリドールの海外進出は、現地に権限を与え、現地法人や店舗に日常業務を任せている。たとえば香港の〈丸亀製麺〉では「トマト牛肉うどん」や辛めの味つけの「マーラーうどん」があり、インドネシアではうどんのトッピングに生唐辛子を用意している。実際、現地スタッフが考案したメニューは、日本人が「えっ？」と思うものがよく売れる。こうしたヒット商品が、経営面においても相手を信頼し、現地の食文化や味の嗜好を尊重することが重要であることを教えてくれる。

〈丸亀製麺〉では、海外店舗の客単価が高いことも興味深い。日本の1店舗平均客単価は568円、中国は709円、ロシアは845円、台湾は656円、韓国は872円、米国は992円だ（2018年3月末現在のレート。日本と台湾は2017年4〜翌3月、それ以外は2017年1〜12月）。

近年は自社ブランドの輸出にとどまらず、海外人気外食チェーンをM&Aでグループに取り込むという攻めの海外展開を実行している。2013年には米国や香港で外食事業を行う「DREAM DINING CORPORATION」を買収。2015年には米国で〈Kaya

Street Kitchen〉を運営する「Nom Nom Enterprise LLC」に出資し、欧州を中心に17カ国でアジアンファストフード「WOK TO WALK」を運営する「Wok to Walk Franchise B.V.」を買収した。2016年にはマレーシアでヌードルショップ〈Boat Noodle〉を運営する「Utara 5 Food and Beverage Sdn Bhd」に出資し、2018年1月には香港の雲南ヌードル（中国・雲南省をルーツとする米粉麺のスープヌードル）チェーン〈譚仔雲南米線〉と同じくヌードルチェーンの〈譚仔三哥米線〉を買収した。香港ではこれらの買収によって香港の雲南ヌードル業態で約7割のシェアを占めるトップ企業に躍り出た。

世界のお客さまを魅了するフィロソフィーとは？

グローバル化という観点から、先述のワンダーテーブルの取り組みもまた、興味深い。同社は展開する店舗自体が海外人気店であるのに加え、「世界のお客さまを魅了する」というフィロソフィー（企業哲学）で、海外進出とインバウンドの両面から国際化を進めている。

〈ロウリーズ〉は米ロサンゼルスで1938年にオープンし、現在、世界に11店舗しかない。そのうち3店舗はワンダーテーブルが東京の赤坂と恵比寿、大阪で運営している。世界中の店舗で売上高のトップは米ビバリーヒルズにある店か、赤坂の店だという。赤坂の店は席数約250席、天井高5メートルという広々とした空間で、内装や照明も細部まで本場に負けないこだわりがある。

イタリアンの〈オービカ〉も、売上トップは本拠地であるミラノの店かワンダーテーブルが東京・六本木で運営する店だというから、同社の運営手腕は世界的にも相当に高い。こうした海外ブランド店舗の基本メニューは本国と同じで、プラスアルファでこだわりの日本食材を取り入れるなどしており、日本在住の人を中心に外国人の利用客も多いという。「ブランドも大事だが、『誰』がやるかが大事。ワンダーテーブルがやることで、よりブラッシュアップできています」と、秋元巳智雄《みちお》社長は胸を張る。

そんな同社は人気店を海外から〝輸入〟するだけでなく、自社ブランド〈モーモーパラダイス〉や天丼の〈天吉屋〉などの〝輸出〟を進めている。1998年に台湾1号店をオープンしたのを皮切りに、米国、タイ、インドネシアなど7カ国（2017年12月現在）に進出。店舗数はすでに63店舗と、国内店舗を上回る。最近ではマレーシアでの契約を結び、今後もアジアを中心に店舗を増やしていく計画だ。

海外で展開するこれらブランドの価格帯はあまり高くなく、一見、国内店舗と異なる展開をしているようにも思える。だが同社は「その単価ゾーンにおけるバリューや使い勝手を重視」（秋元社長）しており、どちらの店舗でも「お得感」が支持されている。

実際、海外の〈モーモーパラダイス〉は、たとえば台湾の店舗では429台湾元（約1600円、平日午後4時以降）で肉類、野菜、ご飯、デザートが食べ放題となり、安い屋台や飲食店がひしめく同地においても値ごろ感が支持されている。一方で、平均客単価が約1万1000〜1万2000円の都内の〈ロウリーズ〉でも、利用客は会計金額を知ると「安いですね」とつぶやくことがしばしばあるという。接客サービスや料理のバランス（原材料コストの高い食材と低い食材を上手く組み合わせるなど）により、全体的にバリューを高く出せるような工夫をしているのだ。

海外出店を考えた時に大きな課題となりそうなもの

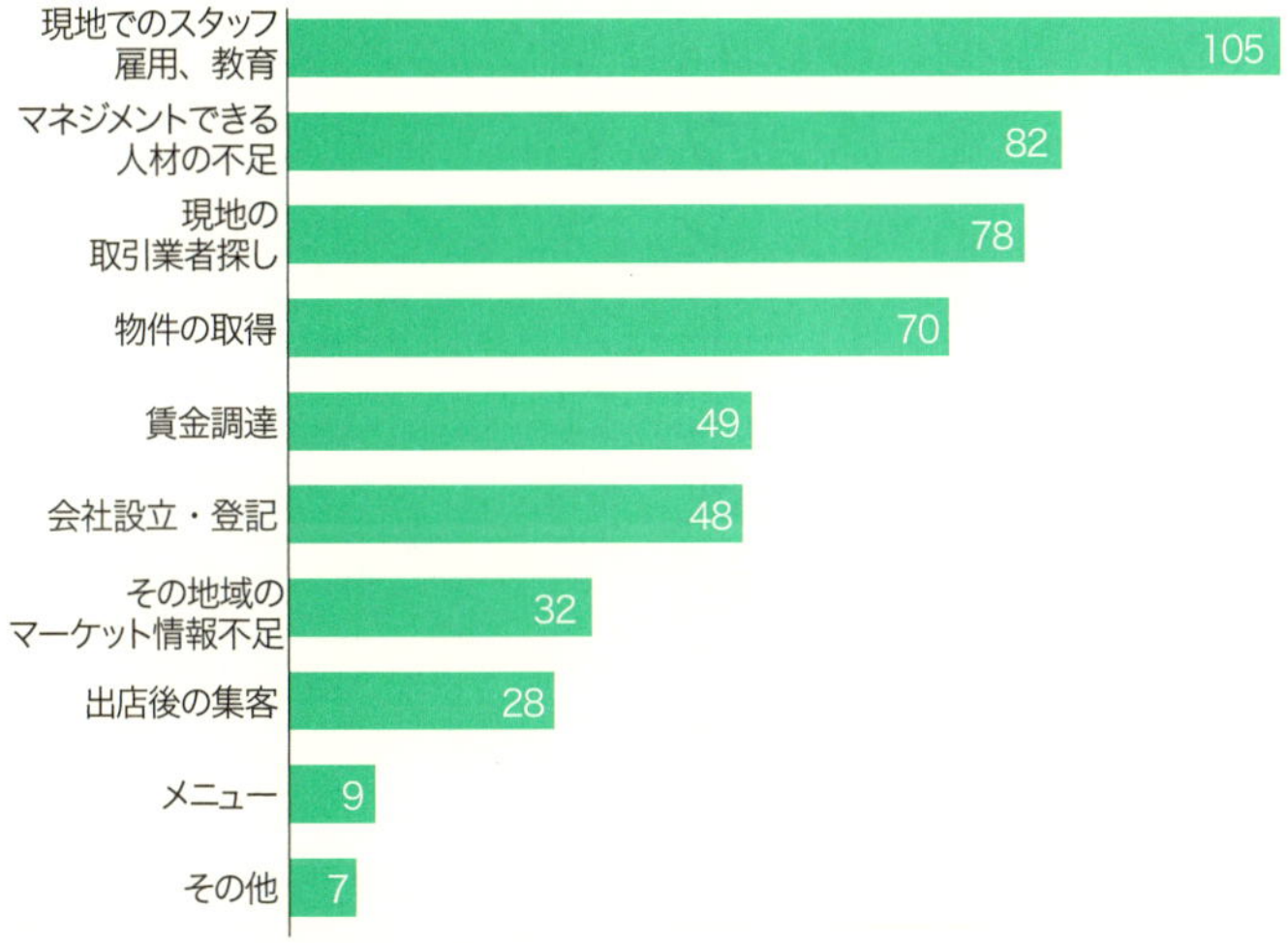

（飲食店.com 2017年　飲食店経営者・運営者へのインターネット調査より回答数154名）

オリンピック目前、インバウンドで成功するために

東日本大震災の後に外国人旅客数は落ち込んだ。しかし、2016年に2400万人を突破し、2017年は2869万人、2018年はこれを上回ることが見込まれている。

今やインバウンドという言葉（訪日外国人の意味）は、我が国のフードビジネスを一層発展させるうえで積極的に取り込んでいくべきテーマだ。日本経済全体の成長にとってインバウンドが重要視されているのだが、そのインバウンドの成長にとって、フードビジネスは最も重要なコンテンツだ。

観光庁によれば、インバウンドの人々が日本において何を求めているか？といえば、圧倒的に「食べること」であることがわかっている。（次ページグラフ参照）

ワンダーテーブルは、外食産業のなかでも早期からインバウンドの取り込みを行なってきた。国内平均客単価約2500～3000円の〈モーモーパラダイス〉や〈鍋ぞう〉は、新宿にある5店舗の来店客は外国人の方が多く、なかでも歌舞伎町の店舗は6～7割を外国人が占めている。前述したように〈ロウリーズ〉など比較的高価格帯の店舗は日本在住の外国人による利用も多く、同社では店舗全体で年間約30万人の外国人の来店があると見積もっている。

訪日観光の目的

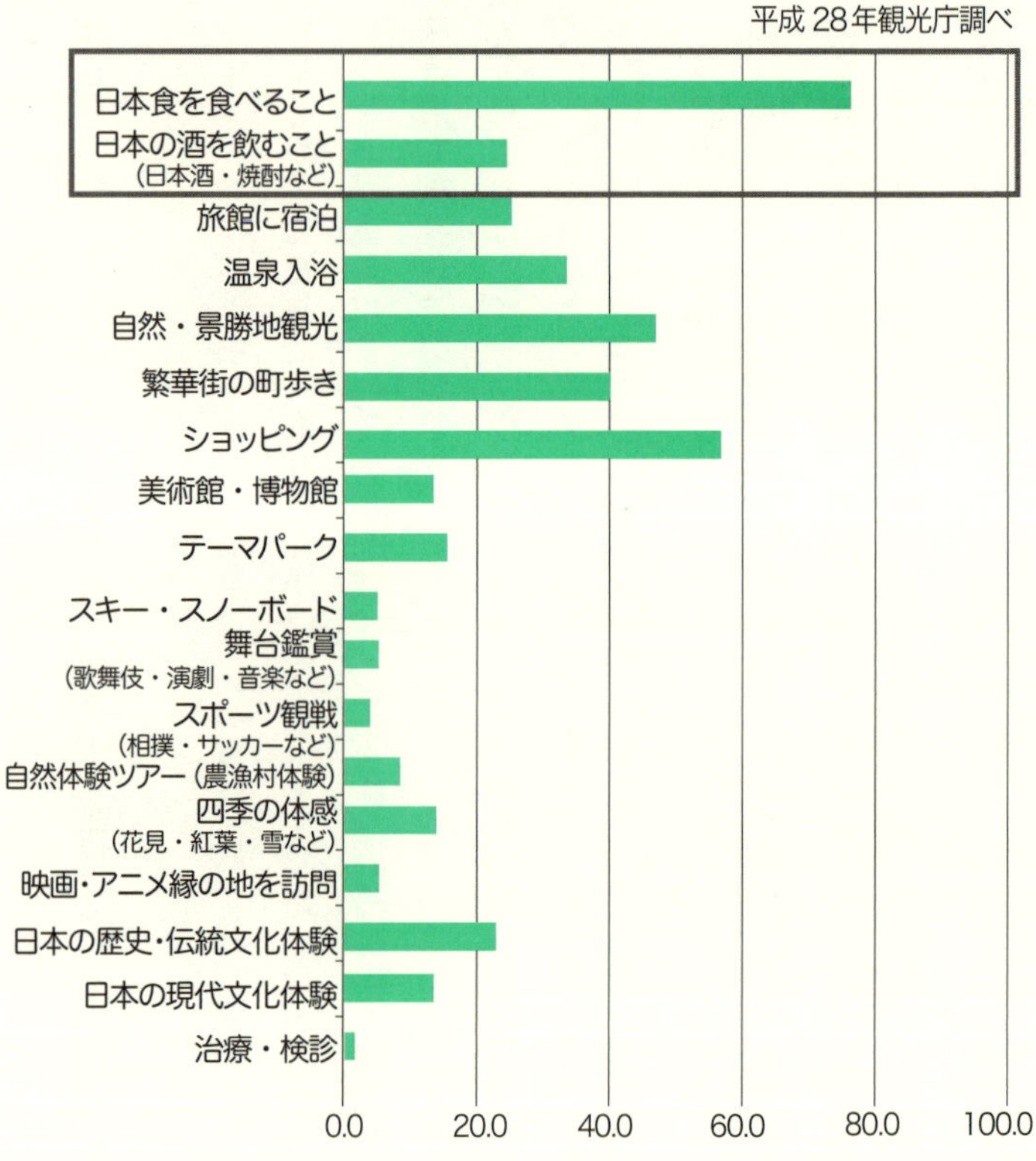
平成28年観光庁調べ
日本食を食べること
日本の酒を飲むこと
(日本酒・焼酎など)
旅館に宿泊
温泉入浴
自然・景勝地観光
繁華街の町歩き
ショッピング
美術館・博物館
テーマパーク
スキー・スノーボード
舞台鑑賞
(歌舞伎・演劇・音楽など)
スポーツ観戦
(相撲・サッカーなど)
自然体験ツアー(農漁村体験)
四季の体感
(花見・紅葉・雪など)
映画・アニメ縁の地を訪問
日本の歴史・伝統文化体験
日本の現代文化体験
治療・検診
0.0
20.0
40.0
60.0
80.0
100.0

外国人の来店客が多い理由には、20年を経過した台湾など早くから海外に出店していた経験が生きている。同社では複数言語の店舗案内やメニューを用意しているのはもちろん、従業員が外国人利用客にもスムーズに対応できるよう研修を行っている。外国人従業員も多く、約2000人のパート・アルバイトのうち約400〜500人を占め、10年以上働いている人もいる。

また、ラムラグループが経営する焼き鳥居酒屋チェーンの〈鳥元〉では、都内近隣の店舗のいくつかで、「外国人観光者様限定コース」（全7品で2500円）を作って他の居酒屋との差異化を図っている。

日本マクドナルドは2017年下期から、全国のマクドナルドでクレジットカード決済や電子マネー決済の導入を進めている。これまでも電子マネー「iD」や「WAON」、「楽天Edy」が使えたが、2020年の東京オリンピックに向けて海外からの来店客が一層増えることを予想し、より便利なサービスを提供するためだという。2018年3月からはNFC（国際標準の無線通信技術）による決済サービスの取り扱いも始めた。

外国人が日本に来たら、やはりスシ・テンプラだろう……というのはもはや古い考えかもしれない。観光客による口コミサイトとして知られるトリップアドバイザーが2017年に発表した、外国人に人気のレストランランキング（左ページ）によれば、レストランの業態別ランキングは「肉」の店がダントツで一位、その次が和食・居酒屋となっている。お好み焼きが健闘しているのも、意外な結果だ。

また、外食産業ではここ最近急増しているムスリム（イスラム教徒）観光客を呼び込もうとハラール対応（イスラム教で禁じられたもの・ことを排除しているということ）の店も増えてきた。壱番屋が経営するカレーライスチェーン店〈CoCo壱番屋〉では、NPO法人日本アジアハラール協会の認証を取得したハラール店舗を現在、東京・秋葉原と新宿の2店舗で展開。訪日客だけではなく、在日ムスリムの人からも人気を得ている。

業態別外国人に人気のレストランランキング

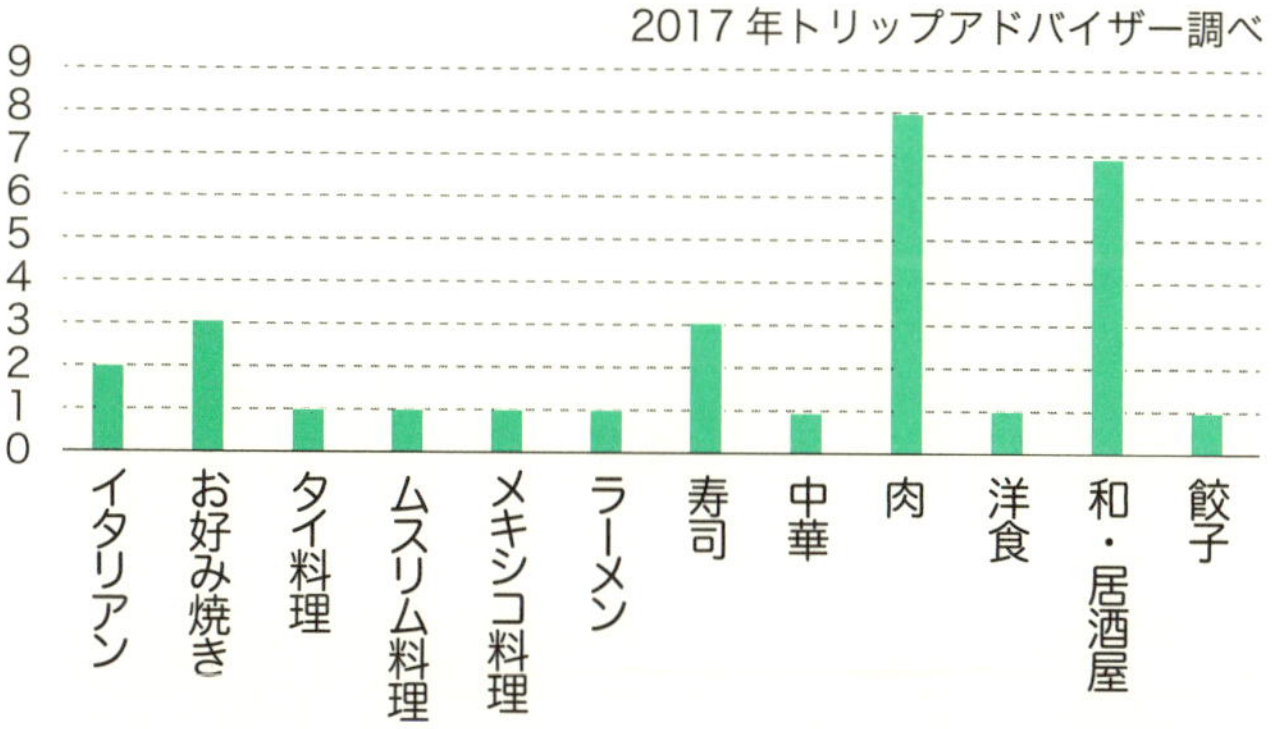

～地方再生は外食から始めよう！編～

僕は全国各地に出張に出かける日々を送っている。
正直、「この土地に未来はあるのか？」と不安になるほど
過疎化が激しい土地も多い。
「縮小ニッポン」などとも言われるようになってきた。
でも、よくよく地元の人の話を聞けば、
全国に誇れるような、素晴らしい生産物がある。
昔から守ってきた、美味しいものがたくさんある。
数年前に「里山資本主義」という言葉が流行った。
僕はあえてそこに外食を入れて、ＩＴ時代における
「里山〝外食〟資本主義」という発想が
出てきてもいいのではないかと思っている。

町が、村が、消えていく⁉

日本全体で人口減少が続くが、地方では過疎化対策が喫緊の課題となっている。総務省によると過疎地域は国土の6割弱を占め、これらの地域は人口のうち65歳以上の高齢者が全国よりも多い傾向がある。「過疎関係市町村」の歳入に占める地方税収割合は13・1%と、全国の32・7%より大幅に低く、市町村の財政力を示す「財政力指数」は0・24と、こちらも全国の0・50を下回る。

有識者による民間研究組織「日本創成会議」の人口減少問題検討分科会は数年前、出産年齢の中心である20~39歳の女性が2040年に2010年の半分以下に減少する自治体を「消滅可能性都市」と定義し、全国896の自治体を公表。このリストでは北海道や東北など地方が目立った。東京23区で豊島区が入ったことも話題となった。

地方の若者が都心部へ移動していることが大きな要因となっているが、同会議は都心部への一極集中は都心部における災害、高齢化対策などにも影響を及ぼすとして早急な対策を提言した。

国は1970年に過疎地域対策緊急措置法を制定して以来、結果はさておき過疎化に取り組んできた。地方自治体も「ふるさと納税」(返礼品をめぐっては課題もあるが)や移住促進など、さまざまな工夫を始めた。

とはいえ、国や自治体だけに任せていては難しいのは見ての通り。地方経済のエンジンとなるのは、やはり地場の産業だ。地方のフードビジネスも、地域活性化に向けた独自の取り組みを進めている。

たとえば、広島県との県境に位置する島根県邑南町《おおなんちょう》がそうだ。人口１万１０００人あまり、高齢化と過疎化に悩んでいたこの町は、地域おこし協力隊制度を利用し、「Ａ級グルメのまち」というキャッチコピーのもと、２０１４年に「食の学校」を立ち上げた。そして、食の仕事に就きたい若者を全国から募集した。３年間、「食の学校」に学び、かつ、町が作ったイタリアンレストランで修業をしたり、野菜栽培を覚えてもらったりする。その間、月16万７０００円の給料も出るし、寮も完備している。

そのかわり、食の学校を卒業した後は、この町で起業してお店をオープンしてもらうのだ。この制度ができて約５年、２４０人以上の若者が邑南町に移住し、町の古民家をリノベーションしてお洒落なパン屋やカフェ、バル、蕎麦屋などを始めた。噂を聞きつけた近隣の住民が、週末は車で押し寄せるようになり、移住した若者による経済効果は年間３億円だという。さらに子どもも増え、出生率はこの５年間ずっと２・０を上回っている（２０１７年度の全国平均は１・43）。「食」で地域再生――この町には今、全国の市町村公務員からの視察が後を絶たない。

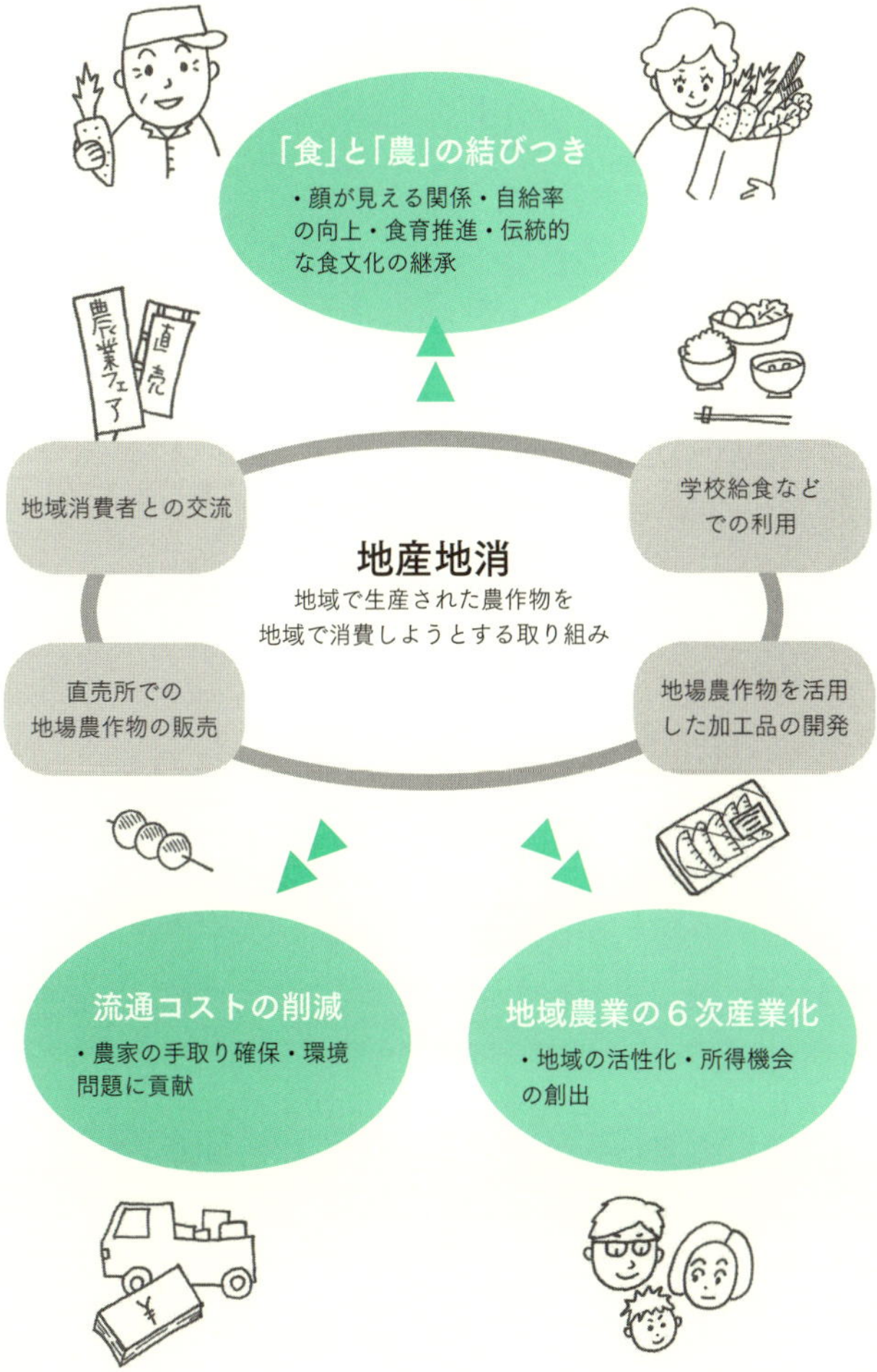

「食」と「農」の結びつき
・顔が見える関係・自給率の向上・食育推進・伝統的な食文化の継承
農業フェア
直売
地域消費者との交流
学校給食などでの利用
地産地消
地域で生産された農作物を地域で消費しようとする取り組み
直売所での地場農作物の販売
地場農作物を活用した加工品の開発
流通コストの削減
・農家の手取り確保・環境問題に貢献
地域農業の６次産業化
・地域の活性化・所得機会の創出

地方型インバウンドというかたち

外国人旅行客は東京や大阪といったこれまでの「ゴールデンルート」にとどまらず、特色ある日本の各地方へも足を運ぶようになった。僕も仕事柄、国内をあちこち移動しているが、日本人観光客があまり訪れないようなところでも外国人旅行客を見かける。たとえば、世界遺産のある飛騨高山などは、いち早くインバウンドをターゲットにしたレストランが次々と起業しており、現在は人口9万人の町に年間46万人もの外国人が押し寄せている。先にも紹介した、トリップアドバイザーによる外国人に人気の日本のレストランランキング（2017年）において、ベスト30のうち、6店舗が高山のレストランだというから驚きだ（1位は7店舗で京都）。

こうした旺盛なインバウンドの取り込みを積極的に行なっている企業は多い。だが、観光政策は、一企業だけでなく、同業他社、関連業界、自治体、観光団体などが挙げて協力して地域レベルで進めていくことが重要だ。僕が横浜市長のとき、横浜観光プロモーションフォーラム（YPF）という協議体を作ったのだが、そうした着眼からだった。これは、横浜市内のレストランやホテルがそれぞれにお客さまを囲い込むよりも、まずは横浜に来てもらう人を増やすことに力を合わせ、全体の分母を増やした結果、分子たる個店にお客さまが増えるという循環を作ろうという試みだ。

その際、私はこんなエピソードを繰り返し話した。「以前、香港に行ったときに泊まったホテルから毎年誕生日の3ヵ月くらい前になるとレターが届く。『お誕生日に特別なお部屋を特別な料金でご用意しました』と書いてある。特別素敵なお部屋を特別な料金で利用できるのは嬉しいが、香港まで行く交通費はどうするのか。もちろん自分で出すわけで、それではわざわざ泊まりに行こうという気にはならない。それぞれのお客さまを囲い込むことの限界がある。それ以上に、まずは横浜に来てもらうということに力を合わせ、横浜に来たら、あそこに行こうという循環を作っていきましょう」と。具体的には、横浜市によるイベントや、JR東日本、全日空などの交通会社や旅行代理店とのタイアップによるキャンペーンを積極的に打ち出した。まずは横浜に来てもらうことに力を入れ、それらのキャンペーンと同時に個店には企画を考えてもらい、それぞれのPRにも力を入れてもらう。そして、ライバル店が掲載されているフリーペーパーであっても、YPF参加各社は相互に置いてもらう。ホテルなら自分の施設内のレストランで食事をしてもらいたいのは山々だけど、街中のレストランなどの情報が掲載されている冊子を部屋のなかに置くことになる。

こうした取り組みもあって、横浜市の観光入込客数は増えた。2002年に3454

万人だったが、キャンペーンを始めてからは毎年増えて、２００９年には５４２８万人になった。その頃はまだインバウンドという言葉がなかったが、２０１２年からの円安と同時に政府も本腰を入れてインバウンド政策を取り始めた。２０１３年には44万人だった海外からの観光客は、２０１７年には73万人と約１・６倍になっている。従って、まずは日本全体のインバウンドを増やし、今度はそれをどの地域に引っ張るか、そして個店に来てもらうかという循環になりはじめている。

フードビジネスもコト消費へ

康正産業の本拠地である鹿児島県は、都道府県ランキングで秋田県、高知県に続く第3位の人口減少（率）県だ。2016年10月1日現在、約163万7272人で、1年前から約1万905人減少した。同県が国立社会保障・人口問題研究所のデータを引用した資料によると、県内人口は2040年に約131万人にまで減ることが予測されている。

一方で、同県の平成28年の「外国人延べ宿泊者数」は約48万人で、前年から15・7%（約7万人）増えた。同年は4月に発生した熊本地震の影響もあり、国内外合わせた全体の宿泊者数は同9・7%減だったのだが、香港航空の増便や香港エクスプレスの就航、中国本土からの個人客の増加や同国サッカーチームのキャンプによる長期滞在などが寄与したという。もちろん定住人口と交流人口で消費規模は全く異なるが、外食を含む消費市場を外国人旅行客などの交流人口でカバーすることは、地方において今できる最も重要な戦略だ。足元を固めたらその間に、人口減少社会で勝ち残れる企業への体質変化を進めることができる。

康正産業は、海外からのお客さまに美味しい食事を味わってもらうこと以上の取り組みを始めた。

日本人客だけが対象だった頃は、お客さまが寿司を握るという発想などなかった。だが、外国人向けに始まった自分で握った寿司を食べるという体験コンテンツは、地元の子どもにも体験させたい、中高年ツアーでも体験したいといった要望をもらうことになり、現在では国内需要もあるという。このためパンフレットは日本語、英語、香港向けの中国語、中国大陸向けの中国語、台湾向けの中国語を用意しており、同社のホームページからもダウンロードできる。こうした取り組みは同社の外国人利用客を増やしてきた。現在、同社の店舗には年間約5万人の外国人を迎えている。

さらに今後は寿司体験にとどまらず、地域名産の鹿児島茶や薩摩焼き「沈壽官窯《ちんじゅかん》」などとの業種を超えた協業で、観光客に「茶道体験教室」などを企画中だ。

鹿児島はお茶の生産量で国内2位の規模を誇るが、これまではブレンド用に使われるなどブランド認知度があまり高くなかった。旅行客にアピールすることで地域産業の活性化にもつながることを期待している。単に消費が落ちているのではなく、消費の質が変わったといわれる。モノの消費からコト体験へという変化は日本人にもインバウンド客にも共通する。フードビジネスも、料理を提供することから料理づくりを体験してもらうことまで幅広い産業になり、より「旅行の目的」となる時代になっている。

外国人旅行者が訪日中にしたこと、次回したいこと

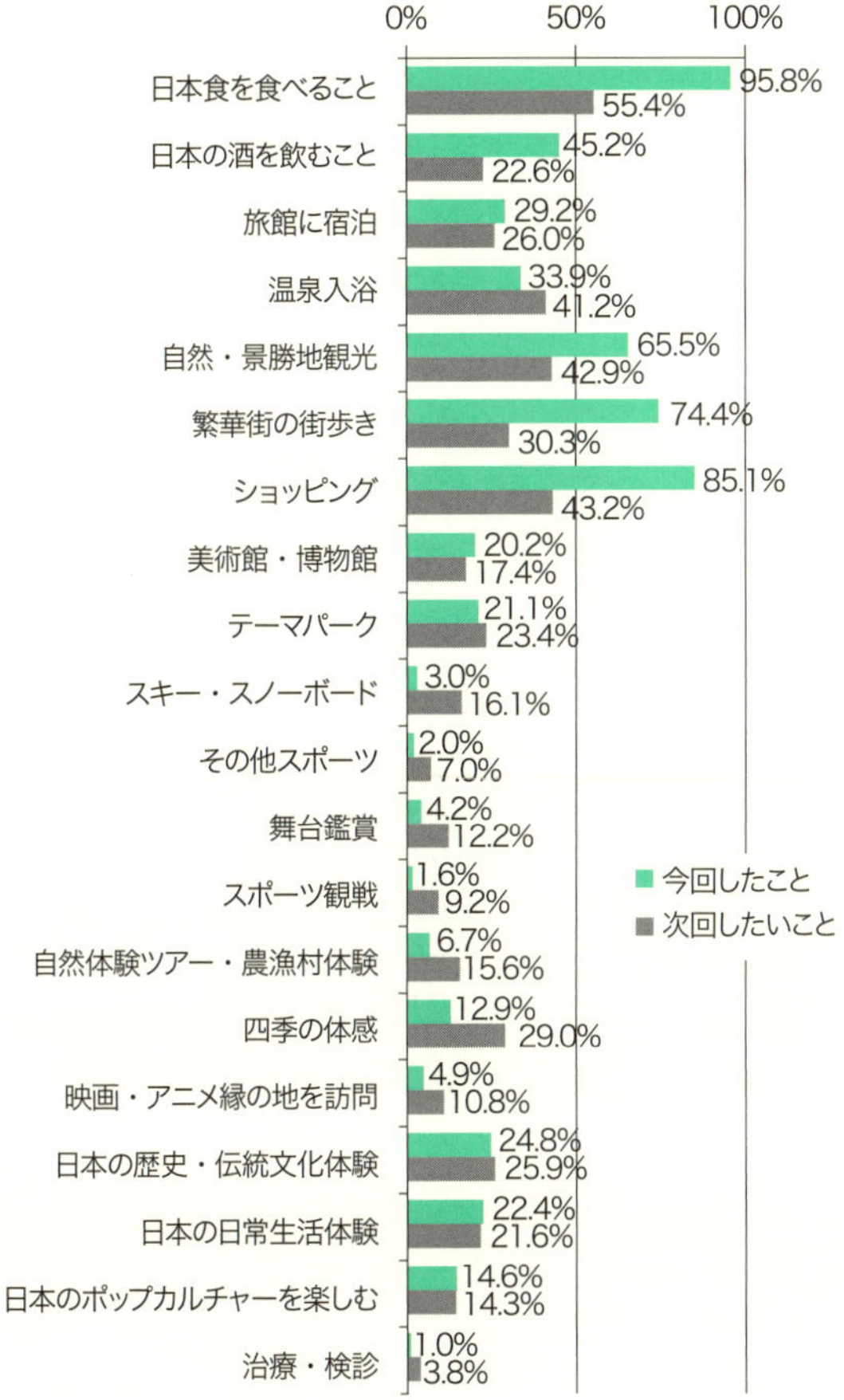

（観光庁　在日外国人の消費動向調査　平成 29 年年次報告書より）

古くなった観光名所をどう生かすか?

一昔前の横浜市のシンボルタワーといえば「横浜マリンタワー」だ。1958年、横浜開港100周年記念事業の一環として市民からの発案により建設計画がスタートし、1961年1月に開業。全長106メートルで、2008年までは世界で最も高い灯台としてギネスブックに登録され、実際に灯台として機能していた。だが、時が経つにつれ、マリンタワーは輝きを失っていった。1993年に日本一高い横浜ランドマークタワーができてからは、眺望を求める観光客の足はそちらに流れた。わざわざ入場料を払ってまで、行きたいと思える施設ではなくなっていたということに尽きる。私は横浜市長に着任してマリンタワーが日本郵船と横浜市が共同で所有していることを知った。老舗大企業と行政のどちらもが、タワーを赤字のまま長年保持しているだけで、お客さまに来てもらうために魅力的なコンテンツにして、活力を高めることができていなかった。こんなことを言うと怒られそうだが、両者にとって壊すわけにもいかないし、利用するにもアイデアが出てこないお荷物という雰囲気だった。

市長就任時は、鳥を展示する「世界鳥類バードピア」が常設コンテンツで、港に面した一等地で退屈なことをやっている、なんだか暗い雰囲気といったイメージしかなかった。

そんなマリンタワーをどうしようかという問題に直面した。開港150周年を迎えるためだ。赤字垂れ流しの施設であっても、開港100周年のレガシーなわけだから取り壊すというわけにもいかない。仮に取り壊し論などが出れば、日ごろは行かない市民も、コスト無視で重要性だけを語るマスメディアも反対の大合唱になるのは必至だ。

少々込み入った話になるが、横浜市と日本郵船が共同で所有していたのは、マリンタワーと山下公園に係留されている氷川丸の2つだった。氷川丸は1930年に竣工された日本郵船の歴史を語る船だ。まだ飛行機の国際線がなかった時代、皇族の渡航をはじめ、喜劇王のチャールズ・チャプリンや大リーガーのベーブルースらがこの船で太平洋を渡ってきた。そんな経緯から、今後の維持管理については、氷川丸は日本郵船、マリンタワーは横浜市が所有するという分担にした。

横浜市のマリンタワー再建計画は、複数の民間事業者やその共同体からアイデアを募集し、優れたアイデアを出したところに運営を任せる「プロポーザル方式」で公募した。コンペが行われ、4社からなるJV（共同企業体）が選ばれたのだが、そのコンセプトは〝地元横浜の人が足を運ぶ施設にする〟ということだった。2006年に再生プロジェクトが正式に決まり、開港150周年となる2009年にマリンタワーは生まれ変わった。

タワーの形こそ変わっていないが、大きく変わったのはその中身だ。それまで、飲食店は一店舗もなかったが、新生マリンタワーには、3つのレストランやカフェ、バーがオープンした。これらの飲食店は現在、日々多くの地元客や観光客で賑わう。フードビジネスの魅力が古ぼけた横浜のシンボルを蘇らせ、今では、観光客だけでなく地元の人が足を運ぶおしゃれな施設になった。

3店を運営するのは、「ゼットン」だ。同社は1995年に名古屋市で設立された外食企業で、最近ではハワイアンレストラン〈アロハテーブル〉や夏場に商業施設の屋上にオープンするビアガーデンなどを展開する。展開する店舗は2018年5月末現在で直営、FC（フランチャイズ）合わせて73店舗、うち4店舗は海外にある。同社は設立以来、「店づくりは街づくり」「店づくりは人づくり」を企業理念としており、2004年には外食企業による歴史的、公共的に意義のある施設の再生プロジェクトの走りとして〈徳川園〉（名古屋市、尾張徳川の邸宅跡）をガーデンレストランとして生まれ変わらせ、その後も同市の名古屋テレビ塔の再生に携わった。

2006年に名古屋証券取引所の新興企業向け市場セントレックスに上場した際には、他の外食企業と棲み分ける意味合いも込めて「公共施設再生」を一つの大きな事業モデルとして掲げた。横浜市の企業ではなかったが、結果、マリンタワーの再生プロジェクトにはまさに適任の外食企業となった。

同社の鈴木伸典社長は「横浜市民の注目度が高いなか、責任が非常に重いプロジェクトだった。(地元企業ではない)アウェイなので、いかに信用、信頼の度合いを上げられるかを考えた」と振り返る。折しも3店をオープンさせた2009年5月は、前年秋のリーマン・ショックを発端とする国際的な金融危機から消費者の消費意欲が減退しているという状況だった。また、当初の客層を「少し見誤っていた」という。同社は、マリンタワーには地元民も観光客も両方が訪れることを想定し、メニュー開発などを行った。だが、思うように客足は伸びない。そこで来店者などを調べ、さらには周辺地域の関係者などから話を聞くうちに、名古屋市民にとってのテレビ塔よりも、横浜市民にとってのマリンタワーは大きな存在であることに気がついたのだという。確かに、横浜市民の横浜というブランドに対する思い入れは全国の自治体のなかでもトップレベルだと僕自身も感じている。地元の人は観光客以上に「横浜らしさ」を求めていたということかもしれない。

そこで同社はまず、メニューを見直した。地元の人が気軽に日常使いできるよう、オープンから約1年後にビジネスランチを用意。ドリンクなどの値段も、観光地ではむしろ「観光地価格」が「おもてなし」として歓迎されたりもするが、ここでは街のカフェと同等の設定にした。これだけでも、来店客の数やその反応、リピート率は大きく変わる。また、独自のイベントも行なっている。これまで実施したなかで特徴的なのは「朝ヨガ」で、参加者は午前7時にマリンタワーに集合して朝食を食べ、朝日をあびながらヨガを行うというものだ。早朝時間帯のため地元の人の参加が主だ。

マリンタワーでは、現在、年間130〜140組の挙式がある。以前なら考えられなかったことだ。大半のカップルは、新郎・新婦のどちらかが横浜市民だという。横浜に憧れる他地域の人よりも、地元の人がここで人生の門出を迎え、結婚後、夫婦の想い出として家族ぐるみで食事をしにくる「場所」になっていく。

横浜マリンタワーの入場者数のピークは、1991年の105万8000人だった。その後、2006年には27万人までに落ち込んだが、こうした取り組みにより、先の3店舗をオープンさせた2009年には54万5000人と倍以上にまで回復し、その後も40万人台を保っている。

地域の財産を未来に引き継ぐ

京都市内を流れる高瀬川のほとりに、一軒の立派な屋敷がある。正面には「角倉了以（すみのくらりょうい）別邸跡」と書かれた石碑がある。角倉了以とは室町〜江戸時代初期の豪商の名で、治水事業や河川開発にも優れ、高瀬川などの水路開発に尽力したことで知られている。敷地面積約1000平方メートルを誇る屋敷は、かつての名士と京の町の歴史を醸す趣に溢れている。その歴史的建造物のお屋敷はいま、がんこフードサービスが経営する〈がんこ高瀬川二条苑〉として毎日たくさんの客人を迎えている。

同社は1963（昭和38）年、現会長の小嶋淳司氏が大阪淀川の十三《じゅうそう》に4坪半の寿司店を開いたことから始まった。

小嶋会長は関西経済界や国内外食産業会における〝名物創業者〟の一人で、平成22年には長年にわたる功績から旭日中綬章を受章している。小さな個人店から始まった同社は現在、近畿地方や都内で寿司店や和食店、トンカツ店などを約100店舗運営。従業員数はパート・アルバイトを含めて約3500人に上る。

〈がんこ高瀬川二条苑〉はもともと、住居として利用されなくなってから久しく、解体撤去するには惜しく、その後の活用として高齢者施設にすることなども検討された。だが、同邸宅で育った持ち主の男性は、邸宅の原型をなんとか残せないか模索していた。

持ち主は「どうせ手放すならみんなに見てもらいたい」とがんこフードサービスによる飲食店への転換を快諾した。今では、角倉了以の子孫が集まる「角倉会」が毎年開かれ、「前から屋敷が気になっていた」というご近所さんも気軽に訪ねることができるようになった。

〈がんこ高瀬川二条苑〉には、角倉了以が1611（慶長16）年に造った庭園があり、鴨川から引かれた水が敷地内を通り高瀬川に流れる。敷地内にある茶室は山縣有朋《やまがたありとも》（陸軍軍人で第3・第9代内閣総理大臣）が日露戦争（1904～1905年）の戦費調達に関する話し合いが行われたとされる歴史的な場所だ。

僕が訪れた際も男性2人が庭園の池に入ってメンテナンス作業をしていたが、庭園のメンテナンスには年2000万～3000万円かかるという。それにもかかわらず、同店のメニュー構成は同社の一般的な店舗と比べて特別高い設定にしてはいない。懐石料理で5000円から、ランチの特別懐石は2980円から、御膳は2800円から選べる。これは同社が経営する歴史的建造物の全店舗にも共通することで、たとえば大阪市にある〈がんこ平野郷屋敷〉は開店当初、メニューにさぬきうどんを載せ、通りすがりの人も気軽に入れるようにしていた。高くしてしまったら、文化に親しむ機会が減ってしまうという想いからだ。他の店舗と違うのは、建物や庭園のメンテナンスを考慮したサービス料をもらうようにしていることだけだ。

多くの一般客にとってはちょっと贅沢な空間で「いつものがんこのメニュー」を味わい、海外からの旅行客にとっては日本庭園の美しさを愛でることができる。

がんこフードサービスは、他にも古民家再生に取り組んでいて、〈がんこ高瀬川二条苑〉のほかに9つの「お屋敷」店舗がある。大阪市平野区にある〈がんこ平野郷屋敷〉はマンションに建て替えられる計画だった建物。〈がんこ岸和田五風荘〉は持ち主から岸和田市に寄贈されたものの、維持費が年2000万～3000万円ほどかかることから、市議会で課題に挙げられていた建物だ。東京・新宿にある〈がんこ新宿山野愛子邸〉は、日本有数の繁華街新宿から一本入った場所に静かに佇む。美容界のパイオニア的存在である山野愛子氏が半生を過ごした邸宅だ。立川街道沿いにある貴重な建築様式を持つ〈がんこ武蔵野立川屋敷〉（東京都立川市）、2000坪の広大な敷地に日本有数の庭園がある〈がんこ和歌山六三園〉（和歌山県和歌山市）、武庫川の清流が流れる静かな街にある〈がんこ宝塚苑〉（兵庫県宝塚市）など、屋敷を活用した店舗は、関西と東京で現在計10店舗ある。

なぜ一般的な店舗の他に、こうしたお屋敷店舗を作ったのか。なぜ古民家再生に取り組むのか。その根底には、フードビジネスが文化を守るという発想があった。

文化は大衆のものとなって初めて文化だと言えよう。日本人に深く根づく文化に、多くの人に触れてもらうには、飲食店として残すのが相応しいという同社の考え方には、大いに納得するところだ。

今、日本の住宅の約1割が空き家になっているという。そのなかには、畳や土間や囲炉裏、縁側、かやぶき屋根や鬼瓦など、古きよき日本の文化が残された古民家や上述のような特別な邸宅など、後世に残したい価値のある建造物が多くある。それらを、不要なもの、価値のないものと決めつけるのはもったいない。お爺ちゃんやお婆ちゃんにとっては、どこにでも転がっていた風景が今の若い人達には新鮮に映るし、外国人観光客にはそういったものこそ求められている。だが、それらを保存するには維持管理費が必要になってくる。保存していこうにも建物単体としての展示による入場料で賄うことは難しいし、結局、解体して売却するというような道を辿っていく。歴史的建造物と外食とのマッチングによる活用法は、建物にも、町にも、そこを訪れる人々にとってもメリットがある。歴史と文化を後世に残していく最有力な保存法の一つと言える。

がんこ

〜外食を取り巻く、いま、ここ。編〜

ここまで大きなキーワードごとに
外食について、俯瞰的な視点で考えてきた。
しかし、その大テーマからは少しはずれるものの、
今、考えておきたい問題はまだたくさんある。
最後に、僕がいま気になっている外食を取り巻く
いくつかの問題を、おさえておきたい。

生産性の向上のために

日本全体で生産性の向上が課題となっているが、外食でもこのことが意識されている。外食はできたての料理のおいしさや温かさ、料理を提供してくれる従業員の温もりも「価値」であり、業態もさまざまであることから、共通のやり方で生産性が高まるわけではない。とはいえ特に人手不足も深刻化するなか、世の中で進化する技術を活用しない手はない。

〈塚田農場〉などを展開するエーピー・カンパニーは、「生販直結」という独自のビジネスモデルを構築した。食品の生産（一次産業）から流通（二次産業）、販売（三次産業）までを一貫して手掛けたのだ。全国各地の生産者や産地の行政と直接提携し、取引関係を結ぶことで、相手の顔が見えるから、より安心・安全な食を提供することが可能だ。同時に、地方の第一次産業や地域活性化にも協力ができ、コストも抑えられる。

国産地鶏の流通を例にとってみよう。一般的には、生産者→農協→問屋A→問屋B→レストランという流れになり、生産者が1羽2000円で卸した地鶏がレストランに届くまでに4000円になるという。しかし、生産者→レストランという「生販直結」になれば、最初から1羽3000円で取引することにより、生産者は通常より1000円高い収入が得られ、逆に、店側は1000円安く仕入れるから、利益幅を大きくした価格で商品を提供することが可能になるのだ。また、生産者とお店のスタッフが直接顔の見える関係になることで、生産者側は、マーケットのニーズを知り、意識の変革が起きるし、一方お店のスタッフも、お客さまから食材の説明を求められたとき、暗記させられた言葉を言わされているのではなく、自分が生産地で見て学んだことを、言葉にすることができる。言葉一つで、お客さまが料理から受ける印象も変わってくる。

寿司・和食の店を全国に展開するがんこフードサービスには、「サイエンス」というキーワードがある。サービス・ホスピタリティで重要なのは、気づきであるという観点に立っている。フードビジネスとして「人の心と社会の豊かさを追求する」という目的で、本来は可視化や数量化が難しい「気づき」を科学的、工学的アプローチで追求し、サービス提供の最適化を探るために2007年、「気づきサイエンス研究所」を設立した。

工学博士である新村猛《たけし》副社長が先頭に立って取り組んでいるもので、新村副社長が客員研究員を務める産業技術総合研究所や神戸大学などと共同研究を行なっている。新村副社長も国内フードビジネスの生産性に高い問題意識を抱いており、サービス産業の生産性は工学的アプローチが重要で、これがないと賃金も上がらないと断言する。

たとえば、自動で出汁を引く機械の導入だ。開店時間に合わせてお湯が沸き、昆布、鰹節がそれぞれ最適のタイミングで投入されるというもので、調理師は労働時間を減らしたり、別の仕事にまわったりできる。本物の出汁を引くことにこだわるからこその機械化だ。また、厨房レイアウトは調理師の動線を分析した結果から、最も効率的に作業が行えるデザインにし、料理の配膳にはロボットを導入する実験を行なっている。仕事内容が多岐にわたることから分析が難しかった接客係の従業員の動線に関しても、ＩＣチップによる分析で効率化を図ろうとしている。

新村副社長は「外食産業も機械化が進んでいるとはいえ、製造業が開発した機械を導入しているだけで、イノベーションを外に期待していた。しかし生産性を上げるためには、我々自身が努力しなければいけない」と話す。

税率は一律にするべき。さもないと…。

消費税は2014年に5％から8％となり、二度の増税延期を経て、現時点では2019年10月から10％に引き上げられることになっている。

増税で大きな関心事となっているのが軽減税率の導入だ。軽減税率の対象になるものは、現在と同じ8％にとどめることになる。では、数多ある商品のなかから、その対象品目となる分野は何かといえば、飲食料品と新聞のたった2分野しかない。飲食料品以外では新聞だけが生活必需品という考え方にも異論は多いが、飲食料品の考え方にも異論が多く、そもそも軽減税率の意義があるのかという問題の多い仕組みといえる。お酒が軽減税率に入っていないのはわかるとしても、それ以外は何とも理屈が通らないのだ。

あえて整理すれば、家で食べるものは生活必需品で軽減税率、外食やケータリング（出張調理）は贅沢だから通常税率というような考え方だ。だから、ファミリーレストランでもファストフード店でもお店で食べれば通常税率の10％だが、持ち帰って家で食べるテイクアウトや出前は軽減税率の8％になる。同じ店の同じ商品でも、その場で食べるか持ち帰るかで税率が違うということだ。これが実際に適用されれば、フードビジネスの現場で混乱が生じることは間違いない。

たとえば、ショッピングセンターのフードコートやコンビニエンスストアのイートインコーナーではどちらの税率だろうか。答えは通常税率だが、「テイクアウトします」と言って、８％の税率で支払いを済ませて、店の内外に設置されている椅子とテーブルで食事したらどうなるのだろう。本来は「そこの椅子で食べます」と言うべきで、その場合は10％の対象になるのだが、店員が後から追いかけて来て２％分の消費税を徴収することはまずあり得ない。仮に、注意したとしても、客がすぐ近くにある公共のベンチに移動してしまえば、その場合は８％の軽減税率対象なのでそれ以上は注意できない。多くの客はこうした増税回避策をとるだろう。上に政策あれば、下に対策あり。大げさではなく、それはもう「一億総脱税社会」ともいうべき欠陥システムだ。

生活必需品の税率は軽減するという考え方だったはずなのに、まったく理解不能な仕組みになっている。高級寿司店の出前は軽減税率の８％だけど、回転寿司店で食べるのは通常税率の10％。同様に蕎麦の出前は８％だが、立ち食い蕎麦店で食べれば10％だ。どう考えても贅沢な方が軽減税率になっていないだろうか。

財務省による試算でも、軽減税率の導入によって高所得者ほどその恩恵にあずかることははっきりしている。対象を生鮮食料品とした場合、10％の標準税率と８％の軽減税率で年間の消費税負担額の差を見てみると、平均年収が１７６万円近辺の人は２３２５

円減少し、３１１万円近辺の人は３４３４円の減少になる。ところが、平均年収が１０７７万円の人は４９３８円の減少となり、さらに年収が上がれば上がるほど減少額は大きくなっていく。これは生鮮食料品に限った試算なので、テイクアウトの弁当やデパ地下の総菜、高級寿司の出前などを加えれば、実際の減少額の差は更に大きくなっていくことは間違いない。

中央大学法科大学院の森信茂樹教授は、「軽減税率の政策意義が不明。飲食は高所得者ほど額が大きいので、軽減税率は低所得者より高所得者を優遇する制度。逆進性はなくならない」と述べている。軽減税率を導入しているヨーロッパのすべての国でも、明らかに高所得者ほど税負担減少額が大きくなっているのだ。利益を受けるのは高い食料品を消費する高所得者になるので、オランダでは「軽減税率を引き上げる」と選挙公約を掲げた党が第一党に躍進した。

いちご狩りの入場料は通常税率で、いちごの持ち帰りは軽減税率。学生食堂は通常税率で、豪華さを表現する食用の金箔は軽減税率。果たしてどの国民を対象にした軽減税率なのか、まったくわからなくなってくる。

「Do over」は、いつからだってできるんだ！

今回、この本を執筆するにあたりさまざまな外食企業の関係者から話を聞いた。

市場規模約32兆円という巨大なフードビジネスのごく一部でしかないが、場所的には北海道から鹿児島、規模としては数店舗の経営から国内外で1000店を超えているような一大チェーンまで、フードビジネスの最前線を知ることができた。そして、改めてフードビジネスの面白さと可能性を感じた。

フードビジネスはどの産業よりも「人」によって成り立ち、人生と密接に関わり、人を大切にする産業だと言える。食べるということは、生きていくために最も必要なことで、さらにそれが美味しければ、幸せな気分になる。だからこそ、誰にとっても身近なビジネスであり、参入の垣根は低い。他の分野で成功した人も、一度失敗して出直したい人も、「Do over」の門戸が広く開かれている。どんな分野だって競争はあるが、フードビジネスほど勝負の仕方が多様な業界はないだろう。味だけでなく、雰囲気、コミュニケーション、売り方、希少性などいろいろな勝負の仕方があり、新しいアイデアや感性を具現化しやすい。評判の店を模倣することも、それにアレンジを加えることもできる。だからこそ、フードビジネスは多彩な人で溢れている。

これからも、温かくて美味しい食事を求めて人は外食に行く。幸せな気分になったお客さんが「美味しかったよ」と言えば、そこで働く人も幸せになる。どんなに時代が変化しても、フードビジネスがなくなることも、フードビジネスから人がいなくなることも絶対にない。

フードビジネスはなぜ人を大切にするのだろうか。提供している商品内容を考えてみればわかる。フードビジネスは、使い捨てや作り置きできるモノを作っているのとは違い、作った料理をすぐにお客さまに提供する同時性がある。同時に提供するのは料理だけではない。料理の確認があり、食材や料理法、食べ方などの説明がある。それは人によるコミュニケーションとホスピタリティーでこそ満足度の高いサービスになる。それらの同時性は人が介在してこそ成り立つのだから、人を使い捨てたりはしないのだ。

ステーキ・ハンバーグ専門のレストラン〈ハングリータイガー〉は、横浜市内を中心に神奈川県内で10店舗を展開している。ジュージューと音を立てて運ばれてきた熱々の鉄板がテーブルに鎮座すると、客は大きなナプキンを自分と鉄板の前に高く広げて、ソースが飛び散るのに備える。店員が最後の仕上げでハンバーグにナイフを入れてソースをかけると、ジューッという音のボリュームは最大になり、ナプキンにはソースが飛び散る。臨場感のあるこんな料理の提供は今や全国に広がったが、50年前に始めた（1 9

69年創業）〈ハングリータイガー〉が元祖で、横浜で育った人にとってはソウルフードとも言える。

その〈ハングリータイガー〉保土ヶ谷本店には名物店員がいる。店の歴史とほぼ同じ50年働いてきた尾崎栄治さんだ。尾崎さんは今年（2018年）で77歳。尾崎さんに会いたくて同店に足を運び、尾崎さんがいないと残念がるお客さまは多い。「お腹減ったでしょう。お待たせしました！　ハンバーグステーキです」と尾崎さんが料理をサーブすると、最後の仕上げが終わったハンバーグからソースが飛び散るのがおさまるのを客は今か今かと待っている。そのタイミングを見計らって尾崎さんが、「さあどうぞ！　美味しいですよー！」と言うと、ナプキンを下ろして食べ始めるゴーサインだ。

尾崎さんの一言が、料理を一層美味しくしている。テキパキと働く若いアルバイトに混じって、お客さまとじっくりコミュニケーションを取りながら働く尾崎さんがいてこそ、この店の重層的な雰囲気が作り出されている。

人を使い捨てないのがフードビジネス

明治28年創業の老舗日本料理店である〈人形町今半〉は、運営する飲食店や精肉店で厳選した黒毛和牛を販売している。そのため、2001年9月に日本でBSE（牛海綿状脳症）が発生した際、非常に大きな打撃を受けた。高岡慎一郎社長によると、当時、飲食店の来店客は半分に減ったという。高岡社長は同年6月、社長に就任したばかりだった。一般に、企業は業績が悪くなると、まず最も大きなコストである人的費用を削減しようとする。採用を控えたり早期退職を募ったり、一番簡単なのは自動車製造などでよく見られる期間工切りだ。だから〈人形町今半〉だって、長年続いてきた伝統を守るために人を切ったとしても周囲から責められることはなかったはずだ。だが、同社は管理職の給与をカットしただけで、1人も退職させることはなかった。

高岡社長はその理由について「何よりも人は守らなければなりません。BSE問題が落ち着いてお客さまが戻ってきてくれたとき、人（従業員）がいなければ店は営業できない。人材というのは簡単に育つものではありません」と話す。同年10月、ボーナス支給を翌月に控えた高岡社長は約50人の管理職を集め、ボーナスを出せないこと、牛肉が100％戻る見込みがないこと、それでも一緒に乗り越えてほしい気持ちを伝えた。話すにつれ、高岡社長も管理職も涙が溢れ出たという。

先代である父親から事業を受け継いだ高岡社長は、そして今も、〈人形町今半〉を「家業」から「企業」にしたいと考えてきた。企業はより合理的な経営を求められるものだが、従業員を守ることこそが真に合理的な経営だと高岡社長は判断した。経営は当時、明日をも見通せないほど苦しかった。それでも「お客さまはまだ半分も来てくださっている」とポジティブに捉えるようにした。代替メニューのカニや豚ではなく肉を求める来店客も、大きな支えとなった。

同社は最近、人形町本店のすぐ裏にあった昭和8年（1933年）創業の老舗洋食店〈芳味亭〉を買い取った。同店も、作家の向田邦子さんが贔屓《ひいき》にしその作品に出てくるほどの名店だが、数年前に経営者が亡くなり、その奥さんがなんとか切り盛りしていた。だがその女性もシェフ達も高齢化し、店を売りたいと考えていたことから、〈人形町今半〉が、全従業員の雇用を含めて引き継ぐことにした。長年受け継がれてきたデミグラスソースを使ったビーフシチューやハンバーグなど、〈芳味亭〉の味とブランドをつないでいくための人が不可欠だったからだ。〈人形町今半〉は〈芳味亭〉にはさらなる潜在的可能性があると見て、東京・大手町のオフィスビルに支店1号店をオープン。本店も、2018年12月にリニューアルオープンする。

おわりに

「Restaurant（レストラン）」の語源をご存じだろうか。カタカナになっている外国語ほど本当の意味を知らないことが多い。

Restaurantは元々フランス語で、動詞のRestaurerからきた言葉だ。Restaurerは英語だとRestore「復元させる」「回復させる」という意味で、レストランは「回復させるところ」——お腹を、そして心を満たしてくれるところというのが本来の意味なのだ。

この本を書くにあたり北海道から九州まで多くの外食企業を訪問し、現場のスタッフやトップの方々と直接話をする機会を得た。そして改めてレストランの持つ本質と産業としてのポテンシャルを実感できた。フードビジネスはあらゆることを復元することができる可能性を有し、社会・経済の中心的役割を担っているといっても過言ではない。

老若男女、生まれ育った背景、国籍を問わずあらゆる人々にチャンスを与え、全国津々浦々の雇用を支えながら農業や食品製造業の受け皿となり、地域経済の再生・発展をリードし、さらには国境を越え、卓越したコンテンツを以って世界の人々のお腹と心を満たしていく――まさに、日本経済を、そして日本そのものを回復させる＝元気にさせる産業と言えるのではないか。

これまでフードビジネスの発展を担ってきた先人の方々、今現場で働くスタッフ、経営者の方々、そして未来の外食マン・ウーマンに大いなる敬意を表し、フードビジネスの発展とともにワクワクする日本が創造されることを期待したい。

2018年秋　中田　宏

著者プロフィール
中田 宏（なかだ・ひろし）
1964年9月生まれ。シンクタンク「日本の構造研究所」代表の傍ら、各地で講演活動を行う。「ウェークアップ！ぷらす」（日本テレビ系）など数多くのテレビ番組、YouTube「中田宏チャンネル」での政治・経済の分かり易い解説には定評がある。青山学院大学卒業後、松下政経塾を経て28歳で衆議院議員に当選、通算4期務める。37歳で横浜市長に就任し、改革を断行して破綻寸前の財政を再建した。近著に『忙しい人のための　死ぬまで太らない体の作り方』（アスコム）『失敗の整理術 耳の痛い話はすべて日記につけよ』（PHP研究所）など。20代のときと変わらぬ体型を維持しながらも、年350日が外食の日々を送っている。

外食力

ニッポンの未来を知りたければ「外食」から学べ！

2018年11月21日　初版第一刷発行
2019年 6月21日　初版第二刷発行

著者　中田 宏

カバーデザイン　アキヨシアキラ
本文デザイン　谷敦（アーティザンカンパニー）
イラスト　黒澤麻子

発行者　田中幹男
発行所　株式会社ブックマン社
〒101-0065　千代田区西神田3-3-5
TEL 03-3237-7777　FAX 03-5226-9599
http://bookman.co.jp

ISBN 978-4-89308-910-6
印刷・製本：図書印刷株式会社

本書に紹介しているデータは2018年8月現在のものです。